COMUNICAÇÃO
QUE TRANSFORMA

Dados Internacionais de Catalogação na Publicação (CIP)
(Câmara Brasileira do Livro, SP, Brasil)

Stanley, Andy
  Comunicação que transforma: ensinar para impactar vidas / Andy Stanley e Lane Jones; tradução Elizabeth Gomes. — São Paulo: Editora Vida, 2010.

  Título original: *Communicating for a change*
  ISBN 978-85-383-0148-6

  1. Comunicação — Aspectos religiosos — Cristianismo 2. Pregação I. Jones, Lane. II. Título.

09-11616   CDD-251

Índices para catálogo sistemático:

1. Comunicação cristã   251
2. Pregação : Cristianismo   251

Andy Stanley e Lane Jones

COMUNICAÇÃO QUE TRANSFORMA

ENSINAR PARA IMPACTAR VIDAS

Tradução
Elizabeth Gomes

EDITORA VIDA
Rua Conde de Sarzedas, 246 — Liberdade
CEP 01512-070 — São Paulo, SP
Tel.: 0 xx 11 2618 7000
atendimento@editoravida.com.br
www.editoravida.com.br
@editora_vida /editoravida

COMUNICAÇÃO QUE TRANSFORMA
© 2006, by Andy Stanley and Ronald Lane Jones
Originalmente publicado nos EUA com o título
Communicating for a Change
Edição brasileira © 2010, Editora Vida
Publicação com permissão contratual da
RANDOM HOUSE, INC. Colorado Springs (Colorado, EUA)

Todos os direitos desta edição em língua portuguesa
reservados e protegidos por Editora Vida pela
Lei 9.610, de 19/02/1998.

É proibida a reprodução desta obra por quaisquer meios
(físicos, eletrônicos ou digitais), salvo em breves citações,
com indicação da fonte.

■

Exceto em caso de indicação em contrário,
todas as citações bíblicas foram extraídas de
Nova Versão Internacional (NVI)
© 1993, 2000, 2011 by International Bible Society, edição
publicada por Editora Vida. Todos os direitos reservados.

Todas as citações bíblicas e de terceiros foram adaptadas
segundo o Acordo Ortográfico da Língua Portuguesa,
assinado em 1990, em vigor desde janeiro de 2009.

■

As opiniões expressas nesta obra refletem o ponto de vista
de seus autores e não são necessariamente equivalentes às
da Editora Vida ou de sua equipe editorial.

Os nomes das pessoas citadas na obra foram alterados nos
casos em que poderia surgir alguma situação embaraçosa.

Todos os grifos são do autor, exceto indicação em contrário.

Editor responsável: Sônia Freire Lula Almeida
Tradução: Elizabeth Gomes
Revisão de tradução: Lilian Jenkino
Revisão de provas: Josemar de Souza Pinto
Diagramação: Luciana Di Iorio e Claudia Lino
Capa: Claudia Lino (Adaptação)

1. edição: fev. 2010
1. reimp.: jan. 2023

Esta obra foi composta em *Adobe Caslon*
e impressa por Corprint Gráfica sobre papel
Pólen Natural 70 g/m² para Editora Vida.

Este livro é dedicado a Julie Arnold, nossa amiga e parceira no ministério.
Na hora de criar ambientes cativantes
e estabelecer comunicadores de sucesso, Julie é a melhor.

SUMÁRIO

Agradecimentos 8

Introdução 9

Parte 1
Como estou pregando?

1	Ninguém me escuta.................................... 17
2	Onde há vontade, há possibilidade 27
3	Divise o alvo... 31
4	O fim da estrada.. 37
5	Um mapa da rota....................................... 45
6	Prepare tudo antes de sair........................... 55
7	Conexões essenciais................................... 61
8	Mostre sua identificação............................. 75
9	Preso no meio de nada 83
10	Uma nova atitude...................................... 89

Parte 2
COMUNICAÇÃO PARA UMA MUDANÇA?

11	Determinar o alvo 97
12	Escolher um ponto 107
13	Criar um mapa 125
14	Internalizar a mensagem 139
15	Envolver os ouvintes 151
16	Encontrar sua voz 177
17	Começar tudo outra vez 191
	Conclusão 201
	Perguntas e respostas com Andy 203

Agradecimentos

A maioria dos cristãos consegue se lembrar de quem estava falando na primeira vez em que ouviu as Escrituras ensinadas de modo que prendesse a atenção e despertasse a fome de ouvir ainda mais. Para Lane e para mim, foi a mesma pessoa: meu pai. Este livro não seria possível se não fosse sua influência. Queremos agradecer também a Traci e Sandra. Somos gratos especificamente por suas palavras encorajadoras depois de pregações em que poderia ter sido difícil encontrar quaisquer palavras de estímulo. Como sempre, somos gratos à editora Multnomah por sua parceria e seu compromisso com a igreja local. A nossos editores, Brian Thomasson e David Webb, agradecemos pela percepção e paciência.

INTRODUÇÃO

por Andy Stanley

Nunca senti um chamado para pregar. Simplesmente fui voluntário. Queria sentir o chamado. Mas isso jamais me aconteceu. Vários de meus amigos sentiram o chamado, quando cursávamos o ensino médio. Foram à frente da congregação, num culto de domingo, e compartilharam a experiência. Todo mundo bateu palmas. Alguns deles ainda estão no ministério. Acho que um está na cadeia.

Certa tarde, dirigindo o carro para algum lugar, em companhia de meu pai, quebrei um daqueles silêncios incômodos que ocorrem quando pai e filho viajam juntos, e disse:

— Pai, uma pessoa tem de ser chamada para o ministério, ou pode simplesmente ser voluntária?

Depois de pensar um pouco, ele respondeu:

— Acho que não há problema em oferecer-se como voluntário.

— Ainda bem, porque quero me oferecer.

Assim fiz. Na verdade, foram duas situações de voluntariado que me formaram como comunicador.

No segundo ano de faculdade, nosso jovem pastor, Sid Hopkins, pediu-me que o ajudasse a dirigir um estudo bíblico para estudantes às quartas-feiras. Pedido estranho, pois nem tínhamos um estudo bíblico às quartas-feiras. Depois de breve averiguação, descobri que ele queria que eu *iniciasse* um estudo para nossos alunos. Jamais, em toda a minha vida, eu havia dirigido um estudo ou ensinado nada. Tinha apenas dois anos a mais que alguns dos estudantes aos quais estaria ensinando. Contudo, concordei em tentar.

A vantagem de ser tão jovem, na época, era que eu sabia o que não daria certo. Não daria certo pregar. Também não daria certo dar aula por vinte ou trinta minutos. Um estudo bíblico versículo por versículo não daria certo. Contar um monte de histórias e reuni-las num desfecho não daria certo. Resolvi errar pela simplicidade. Ninguém me disse quanto tempo deveria durar um "estudo bíblico", e, assim, não me senti obrigado a preencher muito o tempo. Havia recebido carta branca.

Na primeira semana, apareceram cerca de 20 estudantes. Distribuí cartões de 6 cm x 11 cm que traziam, escrito de um lado, um versículo e, do outro, uma pergunta. O versículo para a primeira semana foi João 17.4.

EU TE GLORIFIQUEI NA TERRA, COMPLETANDO A OBRA QUE ME DESTE PARA FAZER.

Falamos a respeito do que significava glorificar algo. Expliquei que o propósito principal de Cristo ter vindo ao mundo foi o de glorificar o Pai, e deveria ser também o nosso propósito. Em seguida, pedi-lhes para virar o cartão e gastar trinta segundos pensando numa resposta à pergunta: O que poderei fazer nesta semana para glorificar a Deus em meu mundo?

Terminei a reunião com uma oração. Todo o processo durou cerca de quinze minutos. Um ponto. Uma pergunta. Uma aplicação. Todo mundo permaneceu acordado. Todos estavam

INTRODUÇÃO

envolvidos. Todo mundo conseguia lembrar o assunto da lição. Sid ficou um pouco preocupado com a brevidade do tempo. Mas, na semana seguinte, a turma aumentou. E continuou aumentando a cada semana. A cada semana, eu entregava um cartão com um versículo e uma pergunta. Não tinha música. Não havia *pizza*. Nem tínhamos aparelho de som. Essa foi a minha primeira experiência como comunicador. Aprendi uma lição valiosa que, alguns anos mais tarde, seria reafirmada.

Em 1981, mudei-me para Dallas, Texas, para cursar o Seminário Teológico de Dallas. No fim do primeiro semestre, o diretor de um colégio cristão da cidade convidou-me para pregar uma mensagem na reunião semanal da capela. Aceitei. Como os ouvintes eram estudantes do ensino médio, resolvi escolher uma porção narrativa das Escrituras. Acabei escolhendo a história de Naamã e Eliseu. Naamã era capitão do exército da Síria — dos antigos arameus. Eliseu era... bem, você sabe quem era Eliseu. De qualquer maneira, Naamã sofria de hanseníase, a lepra, e Eliseu mandou que ele desse alguns mergulhos no rio. Naamã obedeceu, e foi curado.

Despendi algumas horas estudando a história. Fiz valer meus vastos conhecimentos de seminarista de primeiro semestre. Fui à biblioteca e pesquisei sobre os arameus. Preenchi algumas páginas com anotações. Tinha um esboço mais ou menos assim: O problema de Naamã, O orgulho de Naamã, O pedido de Naamã, A prova de Naamã. Estava realmente bem preparado.

Na noite anterior ao dia em que daria a mensagem, ajoelhei-me ao lado da cama para orar. Comecei orando pelos estudantes aos quais falaria. Não os conhecia pessoalmente, mas sabia que, da perspectiva deles, aquela seria apenas outra reunião na capela, dirigida por outro pregador desconhecido. Bocejo. Enquanto orava, ocorreu-me que, cinco minutos depois da pregação, eles não se lembrariam de mais nada. Eu gastara horas preparando uma lição da qual ninguém se lembraria! Que desperdício de tempo e esforço!

Resolvido que isso não aconteceria, levantei e sentei-me à escrivaninha. Deixei em segundo plano os pontos salientados e me concentrei numa ideia só. Trabalhei nela até ter uma única declaração, como um gancho em que pudesse dependurar a mensagem inteira.

No dia seguinte, contei a história. Concluí com a ideia de que, às vezes, Deus pede que façamos algo que ainda não entendemos. A única maneira de entender completamente será por meio da obediência. Todos nós olharemos para trás, com um suspiro aliviado ou com a dor do arrependimento. Declarei então: para entender, teremos de nos submeter e obedecer. Repeti diversas vezes essa declaração. Fiz que eles repetissem a frase. E então encerrei.

Quando deixei o púlpito, naquele dia, sabia que havia feito a conexão. O que não sabia, na época, é que havia esbarrado em algo que formaria a minha abordagem geral para a comunicação.

Dois anos mais tarde, num domingo de manhã, um estudante universitário veio a mim e disse:

— Olá, você é o cara. Você falou na capela do colégio onde eu estudava. — Ele parou por um momento, juntou os pensamentos e completou: — Para entender o porquê, nos submeter e obedecer.

Virou-se e saiu. Provavelmente nem se lembrasse do meu nome. Nunca fiquei sabendo o dele. Isso não tinha importância. O importante é que aqueles trinta minutos na capela, dois anos antes, não foram perda de tempo. Uma verdade simples, bem apresentada, encontrou seu alvo no coração de um estudante.

Aquele domingo foi um momento de definição. Desde então, tenho preparado centenas de esboços e pregado centenas de

INTRODUÇÃO

sermões. Mas meu alvo tem sido o mesmo, desde aquela noite desanimadora no meu miniapartamento, quando lidei com a história de Naamã. Toda vez que me disponho a comunicar, quero tomar uma verdade simples e fazê-la habitar no coração do ouvinte. Quero que conheçam essa única coisa e saibam o que fazer com ela.

Nas 200 páginas seguintes, vou apresentar tudo que aprendi nos últimos vinte anos sobre o desenvolvimento de uma palestra em torno de um único ponto. Espero que, no final do nosso tempo juntos, você esteja disposto a experimentar algumas coisas novas. A se arriscar. Disposto, como comunicador, a sair de sua zona de conforto.

Para tornar mais agradável o tempo em que estaremos juntos, meu bom amigo e parceiro de ministério, Lane Jones, escreveu uma parábola fascinante sobre um pastor que sabia que tinha de melhorar suas habilidades de comunicação, mas não sabia onde buscar ajuda. Ninguém mais do que Lane entende melhor o meu estilo de pregação. Ele tem treinado centenas de pastores e professores no método apresentado por este livro. E é responsável pelo meu esforço de reservar um tempo para elaborar um diálogo sobre minha abordagem de pregação e ensino.

Esboçamos o material em torno de sete "imperativos". Escolhemos esses sete, crendo que sejam os mais importantes no processo de envolvimento e inspiração dos ouvintes em torno de uma única ideia. Todo sermão deveria conduzir os ouvintes a determinado lugar. Estamos convencidos de que esses sete itens são essenciais para a jornada.

Em todo o livro, empregamos os termos "sermões", "palestras", "conversas", "ensinos" e "mensagens" com o mesmo sentido. Não distinguimos entre pregação, ensino ou comunicação geral. Para os propósitos deste livro, são a mesma coisa. Os sete imperativos aplicam-se, de alguma forma, às três disciplinas.

À medida que você lê, talvez esteja se perguntando: *Não seria apenas o jeito do Andy se comunicar? Será que eu não preciso usar meu próprio meio de comunicação? Certamente sua ideia não vale para todo mundo.* O capítulo 16 trata dessa questão de modo específico e detalhado.

Um último detalhe. Logo você descobrirá que não sou fã de esboços do tipo "preencha as lacunas" para um ambiente de sermão de domingo. No entanto, quando comunico num seminário ou num ambiente de treinamento de liderança, quase sempre uso folhas com espaços em branco a serem preenchidos. Algumas pessoas poderão até perguntar se estou ensinando uma coisa, enquanto modelo algo diferente. Não é assim.

Você está prestes a descobrir, no primeiro capítulo, que a abordagem da comunicação tem de sustentar o alvo do comunicador. Meu alvo na pregação do culto de domingo é muito diferente do alvo na maioria dos ambientes de treinamento. Assim, ajusto a minha abordagem. No ambiente de palestra ou conferência, geralmente o alvo não é o da transformação da vida. O alvo nesses casos é transferir informações. Um esboço ajudará o comunicador a cobrir maior quantia de material em menos tempo. No ambiente da pregação, menos significa mais.

Espero que você goste deste livro. No mínimo, ele é um vislumbre do meu mundo. Um mundo em que todo dia parece ser domingo, no qual todos esperam que eu tenha sempre algo significativo para dizer. Tais expectativas não são realistas. A pressão jamais acaba. Contudo, não me posso imaginar fazendo outra coisa na vida. O fato de escolher ler um livro sobre esse assunto mostra que você também sente a mesma coisa.

Parte 1

COMO ESTOU
PREGANDO?

1

NINGUÉM ME ESCUTA

Ele já tinha visto tudo isso antes. Às vezes, até enquanto dormia.

Os olhares vazios e distantes diziam que ele não estava comunicando. De novo.

Enquanto expunha o sermão, outra parte do cérebro do pastor Ray Martin repetia uma série de observações que ele conhecia bem.

Eis aí John Phillips, sentado, tentando decidir de quais ações vai se desfazer amanhã de manhã, quando o mercado abrir. E lá está sua esposa, tentando resolver se vale a pena se desfazer dele ou não. Ali está Sally Kennedy, no lugar de sempre, duas fileiras antes da última... Ótimo lugar para observar quem veio e quem faltou. E, ao seu lado, Norma, sempre pronta para explicar por que alguém teria faltado.

Todos estavam aboletados à sua frente, ouvindo a mensagem — ou, pelo menos, fingindo escutar —, enquanto ele tentava tornar viva a Palavra de Deus ao mundo do século XXI.

A distração da plateia começava a distrair Ray. Ele se pegou indagando se não seria por isso que os velhos pregadores fundamentalistas costumavam gritar e bater no púlpito. Não é fácil manter a atenção de uma congregação.

Sentiu um impulso repentino de simplesmente juntar suas anotações e abandonar o púlpito. Será que alguém já fez isso? Simplesmente parar de pregar e sair pelos fundos? Será que, pelo menos, algumas pessoas notariam, se o fizesse?

Simplesmente fite a parede dos fundos, disse a si mesmo. Era um velho truque que aprendeu de um professor do seminário. Simplesmente vá até o fim; você estará de volta na próxima semana. Espero que eles também.

No caminho de volta para casa, ia lembrando os comentários da congregação enquanto cumprimentava as pessoas à porta após o culto:

— Bom trabalho, pastor.

— Que bênção, pastor.

— Foi um dos melhores, pastor.

O último comentário era bastante cruel, pois a comparação tinha graus. Seria como dizer à esposa que, para ela, seu penteado estava até mais bonito.

Ray queria perguntar se eles haviam aprendido alguma coisa. Mas nos últimos tempos não tinha certeza se a pergunta seria justa. Se *ele* mesmo não podia, por que a congregação deveria responder?

Não devia ser assim tão difícil, Ray comentou para si mesmo ao subir a entrada de casa.

Sally, sua esposa, encontrou-o à porta, seguindo o ritual de sempre. Havia dez anos faziam isso, desde que Ray havia começado o pastoreio da Igreja da Comunidade Meadowland. Muitas vezes, ele esperara com ansiedade a crítica *post-mortem*. Mas não ultimamente.

— Então, como foi?

— Não sei — ele mentiu. — E você, o que acha?

— Foi muito bem.

Quando a mulher e apoiadora número um só consegue dizer "muito bem", você sabe que foi pior do que pensava. Ray afundou no sofá.

— Sei não, querida. Não sei mais o que estou fazendo. Odeio dizer isso, mas a pregação de domingo passou a ser apenas trinta minutos a serem preenchidos. Trinta minutos que começo a temer, cada vez mais, uma hora depois de terminado o último sermão.

— Isso é muito apavoramento, Ray. Não pode ser tão ruim assim. As suas pregações são boas, e você as passa muito bem.

— Meu bem, se você trabalhasse a semana inteira para preparar uma refeição para mim, e eu só dissesse que ela estava boa e bem apresentada, por quanto tempo eu teria de dormir no sofá?

— Ah, você entende o que eu quero dizer...

Ray sabia mesmo o que ela queria dizer. Estava dizendo que o sermão era bom, mas só bom não era o bastante. Por fim, ele disse a Sally:

—Tem de haver uma solução simples. Devo estar exagerando no pensamento. Ou isso, ou há algo mais que nunca ouvi.

— Por que você não telefona para aquele cara, do jogo de beisebol?

— Que jogo de beisebol?

— Aquele dono de time que deixou você tão empolgado com a sugestão de experimentar novas ideias na igreja.

Pete Harlan. Fazia quase seis meses que Ray passara uma noite inesquecível no campo de beisebol, assistindo ao jogo da cabina do proprietário. As coisas tinham estado bastante complicadas na igreja, e um amigo, então, combinou um encontro entre Ray e Pete. Empresário de sucesso, Pete havia compartilhado sete práticas que empregara para construir seu império empresarial. Sete conceitos que Ray e seu conselho de presbíteros foram encorajados a implementar com sucesso.

— O que o Pete teria a dizer sobre pregação?

— Foi o que eu perguntei a você, seis meses atrás, o que ele teria a dizer quanto ao ministério da igreja. No entanto, voltando à igreja, você fez muitas mudanças. Calculo que, se ele pode fazer algo quanto à organização da igreja, talvez pudesse ajudá-lo na área da comunicação.

— Não preciso que ninguém me tire de nenhuma situação e não acho que Pete saberia ajudar!

— Bem, então, você não tem nada a perder, ou tem?

— Nem sei onde está o número do telefone dele — Ray não estava disposto a falar com ninguém.

— Está se referindo ao número escrito no canto da foto, com você fazendo o lançamento inicial no jogo daquela noite? A foto que você mandou emoldurar, com o cartão do Pete bem à mostra, para todo mundo ver? É desse número que está falando? — Sally não estava disposta a aturar marido manhoso.

Havia horas em que Ray se perguntava por que a amava tanto. Essa não era uma delas. Ele sabia que precisava de conselho e que, na verdade, Pete era um homem sábio.

— Bem, ele disse para ligar, se houvesse qualquer coisa que pudesse fazer.

— Eu ligo amanhã — fazia uma hora que o culto terminara, e Ray conhecia o pavor que estava por vir.

O trânsito estava bom para uma segunda-feira, enquanto Ray dirigia seu carro até La Frontera, um restaurante mexicano que ele e Sally frequentavam. Tinha comida gostosa e preço camarada. O preço baixo fazia que fosse uma escolha interessante para Pete Harlan.

Ray sorriu. Um dos caras mais ricos da cidade escolhe um dos lugares mais comuns para almoçar. *Deve ser por isso que ele tem tanto dinheiro: fica grudado a ele,* pensou.

Estacionou ao lado de um Mercedes branco que brilhava ao sol, com placa personalizada: PETE. Parece que a compra de carro não era uma área em que Pete tinha tendência para economizar.

Ao se aproximar, Ray viu o próprio sentado a uma mesa de canto, sorrindo. Lembrou da primeira vez que o vira. Baixinho, de meia-idade, era um homem cuja aparência não mostrava a alta posição na comunidade. Podia ser qualquer um dos muitos que já beliscavam *nachos* com *salsa* mexicana.

— Ray, que prazer vê-lo! — Pete parecia sinceramente entusiasmado.

— Obrigado por vir me encontrar com tanta presteza.

— Sem problemas. Hoje em dia, as coisas parecem que andam sozinhas, e isso me dá bastante tempo de sobra.

— Uma organização que funciona sozinha... isso seria muito bom! — Instintivamente Ray sabia qual seria a resposta de Pete.

— Bem, Ray, se você se esforçar naquelas sete práticas que lhe dei, quando estiver com a minha idade também deverá ter bastante tempo à disposição.

Ray passou então quase uma hora — e um *Burrito Grande* — contando a Pete sobre a vida na igreja Meadowland e as mudanças que haviam sido implementadas. Revelou também a razão daquele encontro. Falou da frustração de se esforçar tanto numa coisa e ver o fracasso, vez após vez.

— Eu não diria que você fracassou, Ray — disse Pete por fim. — Os seus sermões não são tão ruins quantos outros que tenho ouvido.

Um sorriso enviesado passou pelo rosto do pastor.

— Essa é uma consolação estranha. Não sou o pior comunicador que Pete Harlan já ouviu. Espere aí, quando é que você me ouviu pregar?

— Tenho as minhas fontes — Pete disse com um sorriso.

— Estou em contato com o Joe, e ele me dá algumas de suas gravações. — Joe era o amigo comum que apresentara Pete a Ray. — Eu disse ao Joe que precisava ficar de olho no meu investimento.

De fato, Pete havia investido em Ray, compartilhando em poucas horas uma vida toda de sabedoria. *Uns milhões no projeto de construção também cairiam bem*, Ray pensou.

— A gravação daquelas fitas é ótima ideia. Se existissem quando eu era mais novo, talvez tivesse entrado mais na igreja, ou um pouco mais da igreja tivesse entrado em mim. A gente pode escutar no carro quando está na estrada e aproveitar bem o tempo. E gosto da ideia de poder voltar quando não entendi alguma coisa. Isso não acontece com a pregação ao vivo.

Pete sorveu o chá gelado e olhou nos olhos de Ray.

— Como *você* se sente, quando escuta seus próprios sermões?

— Escutar meus sermões? Não quero nem vê-los, quanto mais ouvi-los.

— Prática número sete — enumerou Pete.

Prática número sete. Ray a conhecia muito bem, e ficou envergonhado de ser pego sem observá-la. *Trabalhe nisso.* Empenhe-se.

— A prática número sete é: esforçar-me no ministério, não só estar nele. Sei disso, Pete, mas isso aqui é diferente. Isso... dói.

— Imagine como a sua congregação se sente.

— Obrigado por essa. Eu não merecia.

— Falando sério, Ray, como você espera melhorar sem escutar o que você mesmo diz? Não há como consertar quando você não sabe onde está quebrado. O primeiro passo é: comece a escutar a si mesmo.

— Certo. Primeiro passo: começo a escutar a mim mesmo, não importando quanto doa. E o segundo passo?

— Não tenho a mínima ideia.

Pete ficou calado. Depois de um momento, Ray quebrou o silêncio:

— Como é que você não tem a mínima ideia? Você é o homem de respostas. Você não tem "Nove dicas para a pregação perfeita"?

— Não. Mas foi um título genial. Talvez devesse tentar um pouco disso. Pode ser que ajude.

Dava para ver que Ray estava ficando frustrado.

— O que você esperava, Ray? Sou empresário; não pregador. Você achava que eu fosse balançar uma varinha de condão e transformá-lo num Willy Graham?

— Billy.

— O quê?

— O nome dele é Billy Graham. Você o chamou de Willy.

— Eu sei quem é Billy Graham, e eu quis dizer Willy Graham. Billy Graham é bom, mas não é o Willy Graham.

A essa altura, Ray estava zangado ou confuso. Não sabia bem o quê.

— Quem é Willy Graham?

— Willy Graham é o melhor comunicador que conheço. Em minha opinião, não há no mundo alguém melhor que ele.

— E esse tal de Willy Graham é um pregador melhor que Billy Graham?

— Bem, o Willy não diria isso. Essa opinião é a *minha*. Willy costumava falar por todo o país, e, muitas vezes, eu procurava saber onde ele estaria para ouvi-lo. Na verdade, conheço muitos homens que dariam um jeito no itinerário se soubessem que Willy estava a caminho.

Ray não estava muito convicto.

— O que faz esse cara ser tão especial?

— Difícil dizer. Só sei que, quando terminava a mensagem, era como se estivesse falando pessoalmente comigo. Sempre saí com alguma coisa que me ajudava. Nem sempre eu fazia o que ele dizia, mas esse problema era meu, não do Willy.

— Bem, eu gostaria de aprender o segredo desse tal de Willy. Não sei quando foi a última vez que eu realmente ajudei alguém. No meu negócio, a gente daria tudo por essa espécie de impacto.

— Fico contente de ouvir isso, Ray.

Ray ficou com suspeitas. Não gostou do olhar de Pete.

— Por quê?

— O Willy concordou em ter um encontro com você, e você vai logo que acabarmos de almoçar.

— O *quê?* Bem... está bem. Aonde vou me encontrar com ele? Ele está vindo para cá?

— Não exatamente.

— Pete, eu não o conheço, mas não estou gostando do seu jeito. Onde é que vou me encontrar com Willy?

— Em Atlanta.

— Atlanta?! Isso fica na Geórgia, Pete.

— É isso que dizem.

— Fica a uns mil e seiscentos quilômetros daqui!

— Então é bom que você se apresse — disse Pete, enquanto pagava a conta. — Sally (é esse o nome de sua mulher, não é?)...

Ray fez que sim.

— Telefonei hoje cedo para a Sally, e ela arrumou uma maleta. Disse para o Joe avisar à igreja que você estaria fora por um tempinho. Ele disse que o conselho da igreja estaria curioso, mas que daria um jeito e não precisaria se preocupar. Afinal, eles ficariam contentes, sabendo que você tirou o tempo para isso.

A cabeça de Ray ia como em redemoinhos. Sally e Joe estavam na trama! Os presbíteros fariam perguntas, e ele, agora, simplesmente deveria dar o fora? Isso não podia ficar assim.

— Espere aí. Sair com você para almoçar é uma coisa, mas ir a Atlanta já é demais.

— Mesmo? Pensei que você tivesse dito que não haveria nada que não fizesse para obter esse tipo de impacto.

— Sei, Pete, mas uma viagem para Atlanta leva catorze horas seguidas de carro, e tenho coisas para fazer no escritório. Além disso, tenho de me preparar para pregar domingo que vem...

— O que me leva à razão pela qual você ligou para mim, Ray. O que foi mesmo que você queria que eu ajudasse a resolver?

— Eu sei, mas...

Ray começou a fazer suas objeções, mas Pete não lhe deu ouvidos.

— Nada de *mas*. Você pediu minha ajuda, e essa é minha ajuda. Aceite ou rejeite.

Era fácil entender como Pete Harlan tinha construído sua fortuna.

Ray não sabia o que fazer. Parecia uma corrida sem nexo. Atravessar metade do país para encontrar um cara chamado Willy Graham. Ridículo! Billy Graham seria uma coisa, mas *Willy*? O que Ray disse em seguida indicava mais seu desespero do que seu bom senso.

— Onde em Atlanta, Pete?

— Deixe que eu me preocupe com isso. Simplesmente vá até este endereço e siga em frente.

Ray seguiu as instruções dadas por Pete e acabou parando em frente às Empresas Harlan. Uma mulher o recebeu à porta, perguntando:

— Você é o Ray? Estamos à sua espera há meia hora.

— O trânsito...

— Não se preocupe. Nós o levaremos até lá com tempo de sobra. Desça o corredor, a escadaria, e saia pela porta. O helicóptero está esperando no heliporto.

— Helicóptero?!

2

ONDE HÁ VONTADE, HÁ POSSIBILIDADE

Uma limusine o esperava à saída do aeroporto Peachtree Dekalb, ao norte de Atlanta. Tinha sido o primeiro voo de helicóptero de Ray, bem como o primeiro voo no jatinho particular da companhia de Pete, um luzidio *Gulfstream IV*. De fato, foi o primeiro passeio de Ray em qualquer espécie de avião particular. Entendia, agora, por que era chamado de brinquedo final dos ricos e famosos. Três horas e meia depois de deixar o restaurante mexicano, Ray estava passando em grande estilo pelas ruas sinuosas de Peachtree Corners, um bairro de classe média nos subúrbios de Atlanta.

Acolhido no luxo e na calma da limusine, Ray vasculhou a memória em busca de qualquer referência a Willy Graham. Era um nome para se lembrar. Ray não era do tipo que se mantinha "por dentro" do meio evangélico, mas conhecia, pelo menos de nome, a maioria dos pregadores famosos. Atlanta era conhecida por algumas igrejas grandes e bem-sucedidas, mas o nome de Willy Graham (seria William?) não lhe parecia conhecido. Depois de uma curta volta de carro, a limusine entrou numa vizinhança de casas de tamanho médio com jardins bem cuidados. Pelo tamanho das pereiras, Ray supôs que as casas fossem construções de uns quinze anos antes. O carro virou numa entrada, diante de um agradável sobrado de tijolos à vista. Um homem o aguardava na escadaria da frente.

— Você deve ser o Ray — disse o homem, estendendo a mão. — Sou Will Graham.

— Pensei que fosse Willy — comentou Ray ao cumprimentá-lo. Will deu risada.

— Esse Pete é uma parada, não é mesmo? Ele se diverte chamando-me de Willy Graham porque provavelmente o Billy Graham é o único pregador que ele conhece de nome. Pode me chamar de Will. Então, o que o traz até aqui?

Ray não tinha certeza se era ou não uma pergunta. Certamente Pete havia dito a este homem, visivelmente mais velho, a razão de mandar um pastor de 35 anos à sua casa.

— Bem, acho que o Pete pensou que você poderia me ajudar.

— Mas você mesmo não tem tanta certeza disso.

Ray ficou calado.

— Não tem importância. Eu estaria preocupado, se você não estivesse preocupado comigo.

Will era um senhor afável de jeito tranquilo. Não parecia haver razão para Ray estar ansioso.

— Há alguma razão pela qual eu deveria me preocupar, Will?

— Na verdade, não. Só que eu não culparia um cara na sua posição por ter dúvidas quanto a um homem da minha origem.

— A propósito, estou tentando identificá-lo, mas não conheço a sua igreja.

— A minha igreja?

— Pete não me disse de qual igreja você era pastor ou pastoreia agora, se ainda não for aposentado.

— Exatamente *o que* Pete falou a meu respeito?

— Que você é o melhor pregador que ele já ouviu, que você fala por todo o país e que, se houver alguém que me possa ajudar a melhorar minha comunicação, é você. Tem mais alguma coisa?

Will deu uma risada que fez Ray querer sorrir e tremer ao mesmo tempo.

— Ray, receio que você foi trazido até aqui sob falsa pretensão.

— Você não é Willy Graham e não é um pregador?

— Sou Willy Graham, mas não sou um pregador profissional. Durante trinta e oito anos, dirigi caminhões-tanque de 18 rodas para a companhia de petróleo Harlan.

— Então você é caminhoneiro?! — Ray se sentia um pouco fraco. — Mas Pete disse que as pessoas vinham de longe para ouvi-lo pregar.

— Isso é verdade. A maior parte do que sei sobre a pregação, ou mesmo sobre a vida, aprendi dirigindo caminhão. Todo domingo, não importava onde eu estivesse na estrada, eu dirigia o culto numa parada ou num restaurante de caminhoneiros. Acabei formando muitos seguidores. O Pete parava sempre que estivesse na região. Não sei se ele aplicou muito daquilo que ouviu, mas garanto-lhe que ouviu a verdade.

Ray estava sem palavras. Viajara mais de mil e seiscentos quilômetros para aprender como pregar com um *caminhoneiro*? Finalmente murmurou:

— Não sei o que dizer. Deve ser por isso que ele disse que você falou por todo o país.

— Estou vendo que você ficou decepcionado. Parece claro que Pete achou que você aproveitaria uma estada comigo, mas se estiver duvidando...

— Não é isso... Bem, é isso, sim. Só que você é motorista de caminhão!

— Não o culpo por se irritar. Mas, agora, você está aqui, e o avião do Pete só volta para buscá-lo amanhã. Vamos tirar o melhor desta oportunidade?

— Tirar o melhor? — Ray perguntou, sarcástico. — Então essa não é a melhor opção? Atravessei o país para aprender comunicação com um caminhoneiro, e você diz que as coisas podem ainda *melhorar*?

— *Por que* você está aqui, Ray? Por que voou sobre metade dos Estados Unidos? Não foi por causa de quem eu sou ou deixo de ser. Você ainda precisa perguntar *por quê*?

Nisso, o velho caminhou para a lateral de sua casa e desapareceu de vista.

3

DIVISE O ALVO

Ray aguardou alguns minutos, esperando que Will voltasse a aparecer. Logo ficou claro que o homem não ia voltar. Ray sentiu-se encabulado ao virar a lateral da casa para o quintal de trás. Jardins de frente são acessíveis. São as janelas para o mundo de fora. Mas um quintal de fundos é outra coisa. Ray sentia como se estivesse bisbilhotando a casa de Will, abrindo gavetas e portas de armários. *Ele não me deu outra escolha*, justificou. Ray ameaçou um olhar pelas janelas dos fundos para ver se encontrava algum sinal de Will. Agora realmente estava bisbilhotando. *Que mais eu poderia fazer? Não conheço essa cidade e não tenho a mínima ideia de onde estou.*

— Está me procurando?

A voz de Will o assustou, e Ray virou depressa em sua direção. Will estava sentado numa velha cadeira de jardim, debaixo do toldo de um imenso carvalho.

— Eu não tinha certeza de que você voltaria.

— Voltaria? Não fui embora.

Ray não conseguia perceber se Will estaria ofendido com sua reação logo antes. Não o teria culpado, se esse fosse o caso.

Sentou na cadeira perto de Will e deixou sua maleta cair no chão. O quintal era calmo e refrescante. Por fim, Ray quebrou o silêncio:

— E então? O que é que vamos fazer agora?

— Isso depende totalmente de você, Ray, mas eu ainda quero que você responda à minha pergunta.

— Que pergunta, Will?

— Por que você está aqui?

Por um momento, Ray ficou pensativo. Mil coisas passaram por sua cabeça. Queria ser um comunicador melhor. Queria se empolgar novamente com a pregação. Estava ali por muitas razões, mas nenhuma lhe parecia ser a resposta à pergunta que Will fazia.

— Deixe-me dizer de outra maneira. Talvez você esteja perguntando: Se esse cara é comunicador tão excelente, por que não foi pregador em vez de transportador de carga pesada? Seria uma pergunta justa.

— E então? — perguntou Ray.

— Então, eu diria que meu alvo jamais foi o de ser pastor. Meu alvo era viajar por todo o país e encontrar o maior número possível de pessoas interessantes, para lhes falar do meu relacionamento com Jesus Cristo. Ocorreu que meu alvo não me levou a ser pastor; levou-me a ser caminhoneiro.

— Por que não um evangelista?

— Engraçado. Sempre pensei que eu fosse evangelista.

— Certo. Desculpe. Mas, Will, não vejo o que isso tem que ver com a minha pregação.

— Ray, o meu alvo de visitar lugares diferentes e de conhecer novas pessoas determinou o que eu faria para ganhar a vida. Isso me conduziu ao primeiro imperativo da comunicação, que aprendi sendo caminhoneiro.

— Imperativo?

— Parece um tanto forte, Ray, mas na estrada não existe lugar para a indecisão. Olhe só, os sinais ao longo da estrada. Pare. Retorno proibido. Preferencial. Parada proibida. Todos são imperativos, porque, quando a vida está em jogo, não há discussão.

— Felizmente onde eu prego não há ninguém cuja vida esteja em jogo — Ray riu.

— Não. Só em termos de onde passarão a eternidade! — Will não estava rindo.

— Certo. Então, qual o primeiro imperativo?

— Bem, como eu disse, meu alvo era ver o mundo; isso me levou a ser caminhoneiro. Assim, antes de começar a comunicar, *determine o seu alvo.*

Will percebeu que Ray não o estava seguindo.

— Antes de falar sobre *como* comunicar, temos de falar sobre *por que* comunicar. Qual é o seu alvo como comunicador?

— Ah... acho que é fazer que as pessoas entendam a Bíblia.

— Então o seu alvo é o entendimento.

— Bem, é importante entender, não é mesmo?

— Claro que sim... mas seria isso o mais importante?

— O que você quer dizer?

— Ray, eu vou lhe falar tudo que sei sobre como comunicar de modo efetivo. Mas, se tiver o alvo errado, você só melhorará sua capacidade para fazer a coisa errada.

— Estou completamente perdido, Will.

— Então, meu filho, a primeira coisa que você tem de fazer é achar salvação, e, depois, poderemos trabalhar na pregação.

— Era a vez de Ray ficar sério. — Você já ouviu a pergunta: Você está ensinando Bíblia às pessoas ou...

— ...você está ensinando a pessoas a respeito da Bíblia? — Ray terminou a frase. — Sim. Já ouvi essa ideia no seminário.

— E o que isso significa para você?

— Que não devemos focalizar tanto o ensino da Bíblia que esqueçamos de que o alvo verdadeiro é ensinar *pessoas*.

— O que isso significa?

— Exatamente isto: que não devemos enfatizar tanto o ensino da Bíblia que nos esqueçamos de que nosso alvo verdadeiro é ensinar *pessoas*.

— É isso aí.

— É isso o quê?

— Este é o seu alvo. Você usou a palavra "alvo". Você disse que o seu verdadeiro alvo seria ensinar a Bíblia às pessoas.

— É isso mesmo. O meu alvo é ensinar a Bíblia às pessoas — disse Ray com ar satisfeito.

— Está vendo? É bom ter um alvo bem definido. Ainda que seja um alvo errado.

Ray ficou desconcertado.

— O quê? Alvo errado? Pensei que você tivesse dito que ensinar a Bíblia às pessoas era o alvo certo.

— Na verdade, foi você que disse isso. Eu só o repeti para você.

— Está dizendo, então, que ensinar a Bíblia *a pessoas* é que é o alvo?

— Bem, é um dos alvos, mas eu não o chamaria de *o* objetivo.

— Então, qual seria *o* alvo?

— Essa é a pergunta, não é mesmo?

Will ficou de pé e estirou os braços.

— Olhe, Ray, não é importante você conhecer o alvo no momento. Basta saber *o que ele não é*.

— Por que isso bastaria?

— Porque agora você está pronto para adaptar a sua abordagem à comunicação.

— Adaptar a quê?
— Ao verdadeiro alvo. Só trouxe essa mochila?
Ray cutucou a pequena mochila com o pé.
— É. Minha esposa arrumou minha mala e tenho de admitir que é bem leve. Aonde quer que eu a coloque?
— Espere aqui mesmo.
Will sumiu para dentro da garagem. Num momento, apareceu de novo, agora na cabina da maior caminhonete que Ray já vira.
— Jogue na caçamba e entre na cabina.
A essa altura, Ray já estava acostumado a obedecer a ordens. Jogou a mochila na caçamba e entrou no lugar de passageiro da enorme cabina.
— Vai ou não vai me dizer qual é o alvo verdadeiro, Will?
— Você vai chegar à conclusão certa, Ray. Na verdade, você já sabe qual é. Só não sabe que sabe.
— Se você não me disser, então o que faremos?
— Vamos falar um tempo sobre comunicação, e a razão ficará clara.
— Obrigado, *Yoda*. Ou prefere que eu o chame de *Obi Wan*?
A expressão de Will deixou claro que ele não tinha conhecimento da geração de *Guerra nas estrelas*.
Começou:
— Bem, como eu lhe disse, grande parte do que sei sobre a pregação vem da experiência como caminhoneiro. Já não dirijo mais as jamantas maiores. Esta caminhonete é a maior coisa que enfrento hoje em dia.
Will acariciou o painel como se fosse um animal de estimação. Ray não pôde deixar de pensar em como tamanho é coisa relativa. Will não conduzia mais as carretas de tanques de petróleo, mas a caminhonete que ele dirigia agora parecia o

dobro do tamanho da mini*van* que Ray dirigia. Will saiu para a rua e dirigiu em silêncio por alguns minutos, enquanto Ray estudava o interior da caminhonete de quatro portas. Observava os diversos instrumentos de medição e luzes indicativas, quando percebeu que viravam numa estrada interestadual.

— Will?
— Sim?
— Aonde estamos indo?

4

O FIM DA ESTRADA

— O que foi, Ray? — Perguntei para onde estamos indo.
— Por quê?
— Sei lá. Acho que me sentiria melhor sabendo para onde vamos.
— E esta, meu amigo, é a lição número dois. O segundo imperativo da comunicação que aprendi como motorista de caminhão: antes de sair para a estrada, *escolha o ponto para onde vai*.

A enorme caminhonete era bastante confortável. Andava macio; os assentos eram confortáveis e espaçosos.

— *Se o povo da igreja de Meadowland se sentasse em poltronas assim, aos domingos, as pessoas nem se importariam com a direção tomada* — Ray pensou em voz alta.

— É, mas, provavelmente, acabariam dormindo.
— Esse é um comentário bem frio vindo de outro pregador. Ainda que seja caminhoneiro — disse Ray com um sorriso. — E então, o que exatamente você quer dizer com "escolher o ponto para onde vai"?

— É isso mesmo. Sempre pensei sobre o sermão, ou mesmo sobre a palestra, como uma jornada. Você começa em algum lugar, vai por alguns lugares e no final acaba chegando a algum lugar. A pergunta é: chegou aonde queria ir? Você poderá dirigir sem destino e *esperar* que acabe em algum lugar interessante, ou pode resolver aonde quer chegar antes de tomar direção, ou o púlpito. Estou falando de levar seus ouvintes numa jornada. Levá-los a um lugar onde possam descobrir uma verdade que transforme a vida deles.

Olhando para o passageiro, Will continuou:

— Como motorista, posso entrar na minha máquina e ir atravessando o país. Acabarei chegando a algum lugar. Poderei até aproveitar para ver muitas coisas interessantes pelo caminho. Mas, se eu não tiver em mente um destino certo, estarei apenas passeando, não é mesmo?

Ray acenou com a cabeça.

— Veja só, Ray. A minha efetividade vem de saber *para onde vou,* e *chegar lá*. A pregação é do mesmo jeito. Poderei falar sobre muitas coisas interessantes, e tudo que disser poderá ser verdadeiro. Mas, se não houver um ponto certo em minha mente, um destino final, tudo terá sido apenas palavrório. Na minha profissão, um destino claro é essencial. Se eu sair de Atlanta para fazer umas entrega "em algum lugar na Costa Oeste", poderei facilmente acabar uns mil quilômetros fora do percurso. Seria para Seattle ou San Diego? Entende o que quero dizer? Contudo, não me ajudará muito saber que o destino é San Diego, considerando o tamanho da cidade. Antes de sair de Atlanta, terei de saber que meu destino final é o posto Chevron, na Avenida Onze, número 1221, perto da Broadway, em San Diego.

Ray olhou para Will, com medo de pensar no que estava invadindo sua mente. *Viajei mil milhas para aprender a pregar com o Sr. Google Earth? Exatamente quanto estou desesperado? Bastante.*

— Então, qual é o seu ponto?

— Simplesmente isto: ao ficar diante das pessoas para pregar, você já tem em mente o "endereço" para onde as quer levar? Você poderia, em poucas palavras, tal como "Avenida Onze, 1221", eliminar todas as outras possibilidades de lugares para os quais a mente delas poderia vaguear nos próximos trinta minutos? Quando chegarem ao ponto para o qual você deseja levá-las, saberão que chegaram? É a isso que chamo *mensagem de um único ponto*.

— Um único ponto?

— Isso mesmo. Como um endereço. É uma declaração curta e simples que resume toda a mensagem.

— Mas...

Ray não sabia o que dizer. Claro que concordava com Will, que teria coisas importantes a dizer; mas seriam *coisas*, não apenas uma coisa só.

— Sempre tenho muito a dizer, Will. Não é esse o problema. Olho um trecho das Escrituras e parece que fica *vivo*. Não preciso de ajuda para encontrar a verdade. Tenho de saber como fazer com que as pessoas escutem a mensagem.

— Agora, começo a ter o mesmo sentimento que você, Ray. Você não está me ouvindo. Vamos tentar uma coisa. Pronto? Quarenta e dois, dezessete, onze, trinta e nove, setenta e seis, vinte e quatro, nove, doze, oitenta e quatro. Agora, repita esses números para mim.

— Bem... não consigo. Não consigo lembrar tudo isso.

— Bom. Se conseguisse, eu o deixaria na próxima saída. Vamos tentar outra vez. Quarenta e quatro, quarenta e quatro, quarenta e quatro, QUARENTA E QUATRO. Agora, repita o *número* para mim.

Ray não queria, mas respondeu:

— Quarenta e quatro.

— Muito bem. Olhe, eu sei que é uma ilustração bem tola. Mas é um ponto importante. Se você der coisas demais para o povo lembrar, as pessoas não se lembrarão de coisa alguma. Terão esquecido todos os seus pontos antes mesmo de saírem do estacionamento da igreja. Você poderá ter dito as coisas mais interessantes. Poderão ter sido, até mesmo, verdades transformadoras de vida. Mas, se elas não conseguirem lembrar tais verdades, não haverá nenhuma transformação. É como alguém disse, certa vez: "Se estiver com sede, não busque um hidrante, pois se afogará antes de conseguir um gole d'água". Você terá de estreitar o foco da sua mensagem para um ponto só. Daí, tudo mais no sermão deverá sustentar, ilustrar e ajudar a torná-lo inesquecível.

— Mas acho que é isso mesmo que eu faço.

— Abra o porta-luvas.

Ray atendeu e ficou surpreso com o que viu. Umas dez caixinhas de fitas-cassete de sermões estavam ordenadamente empilhadas. Eram sermões do Ray.

— Onde é que...? Como é que...? Mas você sabia que eu viria?!

— Fique frio, amigo. O Pete tem me mandado essas fitas há uns seis meses. Mandamos coisas um para o outro, comparamos nossas notas e nossos passatempos, nossos interesses, coisas assim. De qualquer jeito, o Pete começou a mandar esses cassetes pouco depois que vocês se conheceram. Ele disse alguma coisa sobre "proteger o seu investimento". Pegue um lá de dentro.

Ray pegou uma fita da pilha.

— Eu me lembro dessa. Chamei de "Perdão em 4 tempos".[*] Falei sobre perdoar a outros, tal como Cristo nos perdoou, e descrevi quatro aspectos do perdão.

---

[*] Em inglês, o título do sermão, *4-giveness*, é um trocadilho com a palavra *forgiveness* (perdão) e os quatro aspectos discutidos pelo autor. [N. da T.]

— Quais eram?
— O quê?
— Os seus quatro aspectos do perdão. Quais eram?
— Bem... O perdão de Cristo era *completo*. Era ..., digamos, *não merecido*. E era... era... mais duas coisas.

Ray deu um suspiro.

— Se eu mesmo não consigo lembrar, como esperar que outra pessoa se lembre?

— Ray, não se martirize por isso. Esse não é *meu* ponto principal.

— Não. Eu já entendi. Por que apresentar quatro coisas quando já é difícil lembrar uma só?

— E a lembrança nem é tão difícil quanto a aplicação. Se dermos três ou quatro coisas para serem aplicadas à vida, a cada semana, as pessoas desistirão antes mesmo de começar...

— Certo, mas como resumir isso em um só ponto, Will? Quando estudo e preparo o sermão, surge tanto material.

— E esse é o grande lado positivo dessa abordagem toda.

— Will, o que é?

— A fita que você tem em mãos daria uma excelente série de quatro mensagens, chamada "Perdão em 4". Veja só, estudar e preparar uma mensagem é como procurar um endereço na lista telefônica ou, para um cara de sua idade, uma daquelas coisas de mapa *on-line*. Você vai ver muitas outras coisas, coisas boas. Anote e utilize-as. Só não use tudo de uma só vez, numa única pregação. Houve tempo em que eu mal conseguia esperar o término de uma mensagem, pois já estava empolgado com um novo entendimento. Mas tem de haver disciplina. É o que chamo de armadilha "Visite Rock City".

— Rock City?

— Sim. É uma atração turística de Chattanooga, Tennessee. Antigamente, por todo lugar que você passava, da Geórgia até as Carolinas e no interior do Tennessee, via os dizeres pintados no telhado dos estábulos: "Visite Rock City". Ao chegar a Chattanooga, simplesmente tinha de se desviar e...

— ... visitar Rock City — Ray completou o pensamento.

— Exatamente. Nosso entendimento processa as coisas da mesma maneira. Você poderá estar tão empolgado com uma ideia diferente ou outro elemento de uma passagem bíblica que se esqueça do destino final, começando a se desviar em outras viagens. Poderão ser até lugares excelentes, mas não é para onde você queria ir, e acabará confundindo os seus ouvintes.

Ray pensou que talvez fosse essa *a razão dos olhares confusos que tenho visto aos domingos*. Não podia deixar de rir ao pensar nas tantas séries de estudo que havia pregado num mesmo culto de domingo.

— Está certo, Will. Consigo entender que é muito mais fácil as pessoas se lembrarem de uma coisa só do que de três ou quatro, mas é difícil me imaginar falando sobre um único assunto durante trinta ou quarenta minutos.

— Isso depende... Qual é o seu alvo?

— Então, voltamos para o assunto do alvo? Nesse caso, o meu alvo é não deixar de ter assunto para falar depois de dez minutos que comecei.

— Não fique preso a essa história de quanto tempo leva ou não leva. Além disso, não estou dizendo para ficar repetindo as mesmas coisas, tal como o número quarenta e quatro. Estou dizendo, sim, que toda história, toda ilustração, toda pergunta que se faz e é respondida deverá apontar para o ponto-chave. Você poderá ser criativo e divertido fazendo todas as coisas que as pessoas gostam de ver numa pregação. Mas, tão somente, certifique-se de que isso o conduza para onde quer ir. Ray, eu já dirigi alguns dos melhores caminhões que existem. Têm tudo, desde televisores até máquinas de fazer café e assentos vibratórios. No entanto, com todos os melhores apetrechos que existem, se não estiver indo na direção certa, o caminhão não o levará para onde você deseja ir. Entendeu o que quero dizer?

— Em alto e bom som. Mas você mudou as imagens das palavras. Primeiro, o sermão era uma jornada. Agora é uma jamanta de 18 rodas.

— Meu amigo, você descobrirá que as grandes analogias são como os grandes caminhões: todos chegam a um ponto de quebra.

Ray encostou para trás no banco e olhou como o campo passava. Será que os olhares vagos que notara na congregação seriam de confusão, e não de tédio? Talvez abarrotasse suas mensagens de informações secundárias, a fim de preencher o tempo, ou possivelmente para impressionar as pessoas. *Mas... um único ponto?* Será que conseguiria pregar uma mensagem toda, em um único ponto?

— Will, quantos imperativos existem?

— O que foi, Ray?

— Você disse que a *escolha de um ponto* seria o segundo imperativo da comunicação aprendida como motorista de caminhão. Tento imaginar quantos imperativos existem.

— Bem, não sei se já os contei antes. Vejamos... Deve haver uns 30 ou 40...

— Então, vou precisar de mais cuecas — Ray disse, olhando para sua pequena mochila na caçamba da caminhonete.

Will começou a gargalhar.

— Estava só brincando, Ray. Você trouxe roupa suficiente. São apenas 7.

5

UM MAPA DA ROTA

— Will, estou pensando numa coisa.
— E o que é?
— Não quero que leve a mal, mas...

Ray lutava para encontrar as palavras certas.

— Bota pra fora, Ray. Não me ofendo facilmente.

— Bem, você disse que estaríamos falando sobre como melhorar a comunicação, mas não disse nada sobre Deus ou oração. Esse esforço é completamente humano?

— Sim — Will respondeu sem rodeios.

Ray não esperava essa resposta.

— Escute aqui, Ray. Nem você nem eu teremos alguma coisa de valor para dizer se não for dada por Deus. O tempo mais importante que você gasta para desenvolver a mensagem é o tempo em oração, buscando o coração de Deus e sua Palavra, para encontrar o seu ponto.

— Parece que agora você vai acrescentar um "mas"...

— Mas, uma vez que Deus tenha feito sua parte, teremos de fazer a nossa. Tenho ouvido demais pregadores que se escondem por trás da desculpa de que a aplicação da mensagem ao coração do ouvinte é obra do Espírito Santo, sem apresentar nada com que o Espírito Santo trabalhe.

Satisfeito porque Will não era um guru de autoajuda, Ray insistiu:

— Então, qual é o terceiro imperativo?

— O terceiro, precioso e próximo ao coração de qualquer caminhoneiro, é: *crie um mapa*.

A ideia que Ray tinha de um bom mapa era a daquele que fosse fácil de dobrar depois de usado.

— Então, o que você quer dizer com um mapa? É óbvio que não é o que eu compro, do Guia Quatro Rodas.

Will deu risada.

— Como caminhoneiro, eu usava um mapa como retrato bidimensional de uma viagem tridimensional. Um bom mapa permite que você encontre a melhor e mais efetiva rota para chegar ao destino. Como eu disse, quando falávamos do segundo imperativo, existem muitas maneiras diferentes para chegar a determinado local. Como motorista, eu tinha de achar a estrada mais efetiva para levar a minha carga ao destino no tempo exato para suprir uma necessidade. Muita gente acha que um bom mapa mostra todas as opções possíveis durante todo o tempo, mas, para mim, tal mapa seria *horroroso*. Quando partia para uma viagem, pegava meu atlas rodoviário e traçava, numa folha de papel, o curso que eu iria seguir. Esse era o meu mapa. O atlas apresentaria milhares de trajetos e viradas que só atrapalhariam a viagem.

— Como comunicador, você aprendeu a se limitar a um único destino. Já não vimos isso?

— Mas isto é diferente, Ray. Como comunicador, seu alvo será fazer seus ouvintes chegarem à aplicação final. O mapa a que eu me refiro delineia o percurso da mensagem.

— Então você se refere a um esboço, não é?

— Não. Estou falando de um *mapa*. Esboços são feitos para organizar pensamentos e ideias. Geralmente o esboço é uma coleção de pontos mais ou menos relacionados a determinado assunto. Cada um dos pontos faz uma declaração bem diferente sobre o tópico.

— Como o meu esboço para a mensagem sobre o perdão.

— Exato. Você tinha muito para dizer sobre perdão, mas o seu esboço não o levou a lugar nenhum. Não era...

— ...um mapa.

— Certo! Você entendeu. Esboços podem acabar sendo como enciclopédias: muitas boas informações maçantes e secas. Raramente as pessoas pegam uma enciclopédia para ler na cama. Por outro lado, um bom mapa leva as pessoas numa jornada que as envolve numa história, igual àquela que você me contou, sobre as suas férias.

Ray tinha dificuldade pare se convencer.

— Você fala de um *mapa*. Deveria entender isso literalmente? Deveria me sentar com papel, lápis, canetinhas de cor e desenhar as coisas?

Will olhou de soslaio para seu passageiro.

— Eu lhe pareço o tipo de gente que brinca com lápis de cor, Ray.

— Está bem. Vamos, então, usar outra analogia. Como é que você traça o mapa?

— Em geral, sento-me à mesa com um pedaço de papel e começo com o algarismo romano número um.

— Então *é um esboço*, sim!

Parecia que Ray tinha pegado o velho numa mentira. Will deu risada.

— Você se sentirá melhor se eu chamar isso de esboço, Ray?

— Eu me sinto melhor sabendo que estou fazendo *alguma coisa* certa.

— Mais devagar... Só porque parece um esboço não significa que está certo. A meu ver, existem dois tipos de esboço. Um é informativo e trata totalmente do conteúdo. Esse é o tipo com que você trabalha. Quatro ou cinco pontos que...

— Está bem, está bem, já entendi. E o outro tipo de esboço?

Will começou a se perguntar se não estaria pressionando demais o companheiro. Tinha sido um longo dia, ainda que fosse apenas o fim da tarde.

— Talvez devêssemos encontrar um lugar para parar e fazer uma pausa.

— Desculpe-me, Will. Eu não queria forçar a discussão. É só que o assunto é muito importante para mim. Dediquei minha vida toda a esse trabalho e... chego a pensar que tenho feito tudo errado durante todo o tempo...

A voz de Will estava mais serena.

— Sabe, Ray, às vezes, certo e errado são termos muito restritos. Sinto muito se passei a ideia de que o meu jeito é o único certo e que todos os outros métodos estariam errados. Não é isso que eu queria partilhar. Deus o tem usado para construir um ministério bem-sucedido, e muitas pessoas têm sido tocadas, no passar dos anos. Jamais duvide disso! Só quero lhe oferecer outra opção que tem dado certo para mim e para outras pessoas. Quer dar uma parada agora?

Ray considerou a pergunta. Como não tivesse a mínima ideia de para onde iam, era-lhe difícil dizer se seria ou não uma boa hora para parar.

— Exatamente aonde vamos, Will?

— Ah! Por aqui e por ali. Se estiver bem para você, quero continuar andando. Conheço um lugar adiante onde logo poderemos fazer uma parada.

— Você é o motorista. Mas, escute aqui... eu realmente quero entender a questão. Qual é esse segundo tipo de esboço a que você se refere?

— Bem, se o primeiro tipo for informativo, o segundo tipo de esboço será o que eu chamo de *relacional*. Consiste em construir o esboço em torno dos relacionamentos entre aquele que fala, os ouvintes e Deus. Eu uso o esboço como um mapa para delinear meu curso de interação e relacionamento interpessoal. Chamo-o de *EU-NÓS-DEUS-VOCÊS-NÓS*.

— EU-NÓS... o quê?

Ray tentou repetir as palavras.

— *EU-NÓS-DEUS-VOCÊS-NÓS*.

— Parece o nome de um acampamento de verão. Posso até ouvir: "Onde você — disse Will —, esteve no verão passado? Ah, eu fui para o acampamento *Eu-nós-deus-vocês-nós*".

— Bem, não posso dizer que seja tão divertido quanto um acampamento de verão, mas é a rota que sigo em minha jornada de pregação. A parte do *EU* é o ponto de partida. É onde você explica quem você é e do que estará tratando. Tenho falado em muitos lugares diferentes para grupos bem diferentes, e essa parte do *EU* é quando me apresento às pessoas. Um auditório precisa de certo nível de conforto com o palestrante antes de ouvir de fato sua mensagem. Um pastor que fale à própria igreja não precisará de muita apresentação, e poderá usar o tempo para apresentar a ideia ou o tópico do sermão daquele dia.

— Uma vez que sinta que os ouvintes já conhecem um pouco de mim e tenham obtido confiança — prosseguiu Will —, estarei pronto para envolvê-los. Falaremos mais sobre isso no imperativo seguinte. Por enquanto, chegamos ao propósito da seção *NÓS*. É uma ponte entre aquilo que *eu* estou pensando ou sentindo, para aquilo que *nós* deveríamos sentir e pensar. É preciso encontrar um chão emocional comum para o tópico ou a ideia da mensagem. Algo como: "Como maridos, sabemos isto" ou "Como pais, experimentamos isso" poderá me ligar a um e outro grupo. Contudo, não poderei parar aí. Terei de me mover para outras faixas etárias e de interesse, até encontrar o máximo possível de identificação com os ouvintes. Faz sentido? Meu alvo é o de despertar uma necessidade sentida, com o maior número possível de pessoas no auditório.

— Uma vez feito isso, continuou Will —, poderei mudar para o relacionamento seguinte marcado no meu mapa, isto é, a relação com Deus. A seção *DEUS*, no mapa, é onde tomo o caminho emocional em comum que estabeleci e introduzo o assunto da verdade bíblica. Então, faço a oferta da solução para a necessidade que acabei de levantar. Muitos pregadores que conheço acham que sempre devem começar com o texto bíblico para, então, oferecer uma aplicação.

— Sou culpado disso. Foi o que aprendi no seminário.

— O problema com essa abordagem, ou, melhor dizendo, o *desafio* dessa abordagem, é que você estará ensinando as Escrituras com base informativa. Se os ouvintes não sentem que precisam escutar, simplesmente não ouvirão. Podem ficar ali sentados, olhando para sua cara, mas desligados.

Ray conhecia bem o sentimento de que Will falava.

— Lembre-se, Ray. Não estamos ensinando a Bíblia às pessoas, estamos ensinando *pessoas* à Bíblia. Conectamos primeiramente com as pessoas e, então, as dirigimos para a Bíblia.

Ray ficou lembrando dos olhares distantes e quase catatônicos que, muitas vezes, observara em seus ouvintes. Conhecia-os a todos e a cada um, e era conhecido deles. Entretanto, será que havia reservado um tempo para *conectá-los* à verdade da Palavra de Deus?

— Isso nos leva a *VOCÊS*. Uma vez que eu tenha apresentado a visão de Deus sobre o assunto, como resposta à necessidade, será fácil perguntar: o que vocês vão fazer com isso? Este segmento torna-se a *parte de aplicação*. Mas, se eu segui bem o meu mapa, em vez de ter que despertar o interesse para fazer a aplicação, a aplicação chega como alívio.

Will percebeu o olhar de incredulidade nos olhos de Ray.

— Bem, nem *sempre* é um alívio, mas será sempre a resposta a uma pergunta que eles já estariam fazendo.

Ray sentiu vontade de espicaçar só um pouquinho o seu mentor.

— Este segmento se chama *VOCÊS*. Quer dizer que o pregador está isento da aplicação?

— Você sabe que não é assim, Ray! Eu chamo de *VOCÊS* porque quero ter certeza de que estou comunicando o desafio em termos bem pessoais. Veja isto, a mudança na vida só ocorre quando as pessoas aplicam a verdade à própria vida, e certamente *não* aplicarão até que sintam que de fato *precisam* de transformação.

— Então, nesse ponto, podemos voltar e fazer uma aplicação aos grupos a que nos referimos na seção NÓS.

— *Bingo*! É isso aí, meu irmão. O esboço, ou seja, o mapa identificou os diferentes grupos a serem cobertos na aplicação. Basta retornar, indo a todos os lugares onde necessidades foram levantadas, agora, para aplicação de cada uma delas. Há, aqui, um ponto muito importante, Ray. Jamais desperte uma necessidade sentida, se não pretender tratar dela com base na Palavra de Deus, com a devida aplicação. A pior coisa que um pregador poderá fazer será prometer demais e não poder cumprir. Você estabeleceu e continua estabelecendo um termo de confiança com seus ouvintes. Não apenas confiança na informação, mas...

— ... confiança na relação. Qual era a última palavra, Will? Era "nós" de novo?

— Isso mesmo. O último ponto no mapa relacional é *NÓS*. O primeiro "nós" tratava da edificação de uma base comum em torno de uma necessidade sentida. O *NÓS* de agora fala de fornecer uma visão comum.

— Uma visão?

— A visão de como pareceria a nossa vida, a igreja e até o mundo se tão somente aplicássemos a verdade da Palavra de Deus. É a parte inspiradora da mensagem. Neste ponto, o meu alvo é inspirar as pessoas para uma transformação. Às vezes, enfrentar a Palavra de Deus poderá deixar o ouvinte se sentindo derrotado, considerando quanto ainda terá de andar. Mas, se pintarmos um quadro de como a vida poderia ser, uma vez aplicada a verdade, ele certamente obterá esperança.

— *EU-NÓS-DEUS-VOCÊS-NÓS*. Fácil de lembrar! Acho que posso me valer de um mapa assim.

— É para isso que servem bons mapas, amigo. No imperativo número dois, quando disse que você teria de escolher um ponto e torná-lo memorável, disse também que o mapa certo tornaria isso possível. E com esse mapa...

— ... eu começo, falando dos desafios que *EU* e todos *NÓS* enfrentamos — Ray completava as palavras de Will, tal como num exame oral. — Então, olho para o que *DEUS* disse, buscando suas soluções. Depois, aponto para uma aplicação pessoal que *VOCÊ* poderá usar na transformação da vida. Assim, todos *NÓS* celebraremos juntos a mesma transformação.

— E a qualquer hora que ficar confuso ou perdido, só precisará se lembrar de onde você se encontra no mapa de relacionamento para localizar-se e prosseguir para o alvo.

Enquanto Ray meditava nessas coisas, ocorreu-lhe que Will nunca chegou a responder à sua pergunta.

— Will, você ainda não me disse para onde estamos indo.

— É mesmo. Eu não disse.

UM MAPA DA ROTA

Pela primeira vez desde que a aventura surreal havia começado, Ray começou a recordar os fatos. Não sabia para onde ia, viajava em companhia de um homem que acabara de conhecer, que fora apresentado por outro homem que quase não conhecia. Poderia ser uma situação bem desagradável. Mas não era.

Ray acomodou o corpo na confortável poltrona da caminhonete e sorriu. Talvez não soubesse exatamente aonde é que iam, mas tinha certeza de que não era de volta para onde ele estava antes.

6

PREPARE TUDO ANTES DE SAIR

— Então, qual é o quarto imperativo? — Ray perguntou.

— O quarto imperativo depende muito do segundo e do terceiro. Chamo-o de: *internalização da mensagem*. Conhecer o ponto de destino e ter em mãos um bom mapa são apenas parte da preparação para a viagem. Antes de sair para atravessar o país, eu tinha de estar certo de saber como chegar.

— Certo. Acabamos de falar sobre ter o tipo correto de mapa para a jornada.

— Sim. Mas ter um mapa e *saber* para onde ir são duas coisas bastante diferentes. Uma vez colocado diante da direção do caminhão, já precisaria saber como chegar ao destino. Não poderia, depois, ficar tirando os olhos da estrada, abaixando a cabeça para olhar um mapa, tentando calcular a melhor rota ou ponto de virada. É assim que os acidentes acontecem. Eu precisaria já ter *conhecimento* das melhores estradas. Além de conhecer o caminho, teria também de conhecer a carga, a data prevista para a entrega do produto e mais algumas coisas para estar pronto para a viagem. Dirigir por longas distâncias com paradas definidas poderá deixar a pessoa esgotada. Assim, temos de nos certificar de que estamos prontos antes de começar. Em outras palavras, eu precisaria preparar tudo, a mim mesmo, o veículo, a carga e a rota antes de sair.

Só de olhar para Will, Ray sabia que ele jamais sairia de casa sem estar pronto. Tinha o jeito de um homem que estaria pronto para qualquer coisa.

— Como é que isso fez de você um melhor comunicador?

— Aprendi que não me deveria apresentar diante do povo sem que estivesse totalmente pronto. Eu tinha de estar *carregado* e pronto para poder dizer alguma coisa.

Ray olhou pela janela. Seria essa, realmente, uma novidade? *Todo comunicador já não sabe que só deveria se levantar diante de uma congregação quando tivesse algo para dizer?*

— O que foi?

— Sei lá. Acho que a questão de "carregar o caminhão" parece bastante óbvia.

— A gente pensa que sim. Mas tenho visto muitos pregadores e palestrantes que se levantam e entregam uma mensagem como se estivessem lendo a lista telefônica.

— Ah! Então você está se referindo ao estilo de entrega da mensagem?

— Não — declarou o homem experiente. — Vai muito além disso. Já ouvi pessoas pregando mensagens que eu poderia jurar que era a primeira vez que tinham visto aquelas palavras. Refiro-me à internalização da mensagem. O pregador se apropria dela a ponto de fazerem parte um do outro. Antigamente os pregadores chamavam essa apropriação de "meu fardo". É uma mensagem que atua dentro de você, e só então você levanta e a entrega.

— Está dizendo para entregar o sermão sem anotações, memorizado.

— Estou dizendo que, até que você *possa* entregá-lo sem notas de apoio, de memória, ele ainda não é a *sua* mensagem. Poderá ser até que você saiba aonde quer ir, mas ainda não terá internalizado a maneira de chegar lá.

—Will, eu já tentei decorar os meus sermões e simplesmente não consigo. Eu me confundo com o modo de dizer alguma coisa, sou tomado de frustração e me perco todo.

A voz de Ray refletia uma experiência de frustração.

— Ray, você tem filhos?

— O quê? Ah, sim, tenho dois.

— Gosta de viajar? Sair de férias com a família?

Will estava destacando alguma coisa, mas Ray não sabia ao certo o que, nem que tinha relação com a conversa que estavam tendo antes.

— Quando temos a oportunidade. Aonde você quer chegar?

Will ignorou a pergunta.

— Conte sobre a melhor viagem que já fez e por que teria sido seu passeio favorito?

Ray deu de ombros e passou a contar a história.

— Acho que a melhor viagem foi uma que fizemos há dois anos. Sally e eu levamos os meninos para a cidade em que eu fui criado. Os meus pais já não moravam lá, e eu mesmo não tinha uma razão específica para regressar. Fazia tempo que eu não tirava férias, e, assim, tínhamos acumulado três semanas para a família. Mantivemo-nos nas estradas do interior, e pude mostrar aos meus filhos a região em que vivi quando era da idade deles.

Nos próximos minutos, Ray desenrolou a história do passeio. Fez que seu ouvinte, Will, alternasse entre gargalhadas e lágrimas, quando contou de sua primeira namorada, do beijo em que errara a mira, quando falou da viagem ao lugar em que seu avô foi sepultado e do impacto que o ancião teve sobre a sua vida. Ray terminou com uma avaliação:

— Acho que o melhor daquela viagem foi o que eu vi nos olhos de meus filhos. Eles finalmente entenderam que eu tinha sido criança, com as mesmas esperanças e temores que eles têm. De muitas maneiras, isso me abriu portas para o coração deles.

— Essa mensagem é maravilhosa, Ray. Pode me dar uma cópia do seu esboço?

— Esboço? Você sabe que não fiz anotações.

— Surpreendente. E parece que você não teve nenhum problema para lembrar. Não só apresentou os fatos certos, como também lhes deu boa organização. Fez-me rir e chorar. Aprendi até mais uma coisa sobre o que significa ser pai.

— Mas isso é diferente, Will. Eu não estava pregando. Só estava contando uma história.

— E nessa única declaração você descobriu o segredo da *internalização da mensagem*. Até que consiga situar-se diante das pessoas para contar uma história, você não estará pronto para pregar. Veja só, as pessoas ficam *conectadas* com a história, e a história as dirige numa viagem. Quer seja uma jornada para o lar da infância, quer seja uma jornada para uma verdade que transforme a vida, é uma história que nos leva a um termo. Você notou como fez o relato sem nenhum esforço? Não tropeçou nas palavras. Não esqueceu elementos importantes, e, é claro, deixou fora os detalhes sem importância.

— Como o quê?

— Bem, ouvi sobre uma maravilhosa viagem pelas estradas; no entanto, não tenho a mínima ideia do tipo de veículo que você possui. O seu carro era importante para sua viagem, mas não para a história.

— Entendi. A propósito, é uma mini*van*.

Não tinha certeza, mas Ray achava ter visto um vislumbre de desdém no rosto de Will com a menção da mini*van*. Mas, afinal de contas, *ele* era um caminhoneiro.

— Veja só, Ray. Falar sem utilização de notas, de memória, não será difícil se você estiver contando uma história. As pessoas complicam as coisas quando tentam comunicar seus *pontos* em vez de contar uma história. Se tiver quatro ou cinco pontos que deseja destacar, você terá de se concentrar para que o povo não se esqueça de algum deles.

— Então, é por isso que uma mensagem de um só ponto é tão importante. Aí só terá de se lembrar de uma coisa.

— O Pete disse que você aprendia depressa! É óbvio que existem mais coisas para lembrar além do ponto-chave, mas muito menos do que a maioria dos pregadores acha que tem de apresentar. Quando saio para uma longa viagem, não apenas sei aonde quero chegar, como também conheço as principais estradas que preciso tomar. Guardei na memória a rota toda e, assim, quando chego à estrada designada, não hesito em tomá-la. O meu emprego dependia de conhecer bem as rotas. A maioria dos pregadores que tenho observado age como se nada dependesse de saber para onde ir.

— Detesto mostrar que não sou tão rápido quanto você pensa, Will. Mas... que tipo de dependência?

— Como você poderá esperar que o seu ouvinte se importe bastante a ponto de se lembrar do que você está dizendo quando você mesmo não consegue?

Depois de pensar um pouco nisso, Ray disse:

— Nunca pensei dessa forma.

— Quando se apresentar diante de uma plateia, e falar sem ler o sermão e sem usar anotações, você estará dizendo: "Isso é tão importante que faz parte de mim. Creio que deva se tornar parte de você também".

— Will, quando penso nos sermões que geralmente prego, não consigo *imaginar* pregá-los sem esboço, sem anotações! Já é difícil tendo o esboço bem à minha frente.

Will sorriu.

— É porque você sempre usou um esboço. Agora você tem um bom mapa.

7

CONEXÕES ESSENCIAIS

— Bem, Ray, acho que o almoço de hoje, com Pete, já é história passada. Acho que você está pronto para jantar.

Comida! O dia tinha sido tamanho redemoinho que Ray nem imaginava quantas horas já haviam passado, e quantos quilômetros, desde a última refeição.

— Agora que você falou, eu até comeria alguma coisa. Vamos parar para comer num daqueles lugares engordurados que os caminhoneiros adoram escolher?

— Você assiste demais à televisão, Ray. Um dos benefícios da aposentaria da estrada é que tenho tempo de comer em lugares melhores. Entretanto, não despreze a parada de caminhoneiros até que tenha provado sua culinária. Eu sempre aceito melhor um café de um restaurante de beira de estrada do que o daqueles lugares chiques de *cappuccino* com chantili. Na verdade, conheço uma excelente churrascaria, logo mais à frente. Tem um cara lá que quero que você conheça. Quanto à direção em que vamos... bem, vamos fazer umas duas paradas aqui e ali, mas o nosso destino é mais a própria cabina da caminhonete.

Pete achou que você aproveitaria o tempo que gastássemos juntos, e, por alguma razão maluca, eu acabo pensando melhor atrás do volante de um caminhão.

A churrascaria era uma vista bem-vinda para os dois, quando Will manobrou no estacionamento. O lugar estava cheio, o que Ray considerou sinal da boa comida que viria. Os dois foram conduzidos a uma mesa, e ambos pediram churrasco de bisteca.

— Bem, se aquela é a minha salada que está chegando, estou pronto para ouvir o quarto imperativo.

Depois que a garçonete entregou as saladas, Will orou, agradecendo o alimento. Então, gesticulou com o garfo e declarou: *Envolva os ouvintes*.

— Poderia repetir?

— É isso mesmo. É o quinto imperativo. Todo caminhoneiro que se preza sabe que tem de prender bem a sua carga.

— Quer dizer, ligar as coisas?

— Não apenas ligá-las. É mais que isso... — Will falava entre garfadas de salada e nacos de pão. — Quando atrelo um tanque de 15 mil litros de gasolina a um caminhão, quero ter certeza de que ele vai ficar comigo. Entende o que quero dizer?

Ray acenou que sim.

— Antes de tudo, é meu trabalho, minha responsabilidade, assegurar que a carga chegue ao seu destino. Em segundo lugar, será bem perigoso se o reboque se soltar. Agora, vamos considerar nosso assunto. Como pregador, tenho de ter certeza de que a minha carga está presa, bem segura.

— E prender bem a carga é o mesmo que conhecer realmente o ponto principal, não é mesmo?

— Boa tentativa, Ray. O ponto principal é seu destino. Mas, neste caso, sua carga são seus ouvintes. É por isso que terá de *envolver os ouvintes*. Como comunicador, você poderá saber exatamente para onde vai, mas, se sair numa nuvem de fumaça, deixando os ouvintes para trás, de nada valerá chegar ao destino certo. Você terá de envolver os ouvintes e certificar-se de que eles fiquem com você. É a primeira seção, NÓS, do mapa da mensagem. Como motorista de caminhão, eu tinha de me certificar de que o reboque estivesse bem afixado. Uma vez preso, eu podia seguir viagem. Quando estou pregando, tento envolver meus ouvintes em termos emotivos, certificando-me de que estejam a bordo comigo.

— Em termos emotivos? Você não é daqueles que choram e imploram, é?

— Tenho cara de quem vive chorando?

Não. Estava bem claro que Will não era um chorão.

— Então, o que quer dizer com "emotivo"?

— Você terá de se conectar com seu auditório, envolver as pessoas em torno de uma das necessidades reais da vida. Algo que elas *sintam*. Terá de despertar nelas uma consciência de necessidade, uma experiência passada, presente ou futura, na própria vida delas, que as faça querer escutar e seguir até a solução final. Não bastará dizer: "Tenho aqui a verdade da Palavra de Deus, e vocês são obrigados a escutar". Talvez esse tipo de argumento desse certo há muitos anos, mas não hoje em dia. De maneira nenhuma. Hoje você tem de mostrar às pessoas como é que a verdade impacta a vida delas.

— Meu trabalho não seria pregar com fidelidade e permitir que Deus use a pregação como lhe aprouver? E se o texto do dia não tratar de uma necessidade sentida, mas, sim, de algo que devamos *fazer*, como orar, por exemplo. Não acho que muitos dos meus ouvintes sintam a necessidade de orar.

— As pessoas têm necessidades sentidas de direção, de paz, de conhecer a vontade de Deus, de ajuda em tempos de crise. Você poderá suprir tais necessidades sem oração?

— Não. Realmente não poderei. Ninguém pode.

Enquanto ponderavam tais pensamentos, a garçonete trouxe os pratos principais. Duas bistecas enormes, com batatas assadas e guarnições. Os dois homens famintos avançaram sobre a comida como se tivessem passado dias, não apenas horas, desde a última refeição. Depois de um tempo comendo, Will finalmente falou:

— Ray, não estou dizendo que você terá de diluir a mensagem. De maneira nenhuma! Estou dizendo que temos de tomar a verdade transformadora de vida e certificarmo-nos de que seja aplicada à vida daqueles que estejam realmente prontos para serem transformados. Nossa tarefa é lembrá-los de que eles *querem* mudar.

— Como? Como fazer que queiram essa transformação?

— Tensão — respondeu Will. — Criamos uma tensão.

— Olha, sei que não sou bem o especialista aqui. Mas estou no ministério tempo bastante para saber que nosso trabalho é *aliviar* a tensão, não criá-la.

— Talvez esteja certo — disse Will, rindo. — Não é tanto que devamos *criar* uma tensão; temos de despertá-los para a tensão que *já pressentem*. A tensão que procede da tentativa de ser o tipo de marido, esposa, pais ou filhos que deveriam ser. Eu os desafio a olhar para a fraqueza em sua vida e perguntar: Então, o que fazer com tudo isso? Se eu conseguir fazer que cheguem ali, já estarei com meio caminho andado. Uma vez que consiga levá-los a desejar a solução, estarei certo de que os terei comigo até o final da mensagem. Prendi bem a minha carga e não terei de me preocupar em perdê-la.

— É, mas finalmente você terá de entregá-los, quando chegar ao final — disse Ray.

— Certíssimo. Por isso mesmo é que falamos de *envolver os ouvintes*. Outra maneira de envolvê-los será fazendo que olhem as coisas de modo novo, sob uma perspectiva que nunca antes consideraram. Olhe, tem alguém aqui que quero que você conheça.

Com isso, Will levantou da mesa, voltando pouco tempo depois com outro homem.

— Ray, este é Larry Wayne. É o dono deste excelente restaurante.

Larry parecia ter mais ou menos a idade de Will, mas a cintura deixava ver que ele gostava muito do trabalho de seu *chef* de cozinha.

— Prazer em conhecê-lo, Ray. Todo amigo do Will será meu amigo.

— Larry construiu este lugar há alguns anos. Antes, durante trinta anos, trabalhou em salas de espetáculo, em Las Vegas, Reno e Atlantic City. Sempre que passava por uma cidade em que ele estivesse se apresentando, eu fazia questão de parar para assistir.

Os olhos de Ray brilhavam quando ouviu isso.

— Você é cantor?

Larry riu e brincou.

— O quê? Tenho lá eu cara de dançarino? Só brincando. Eu faço humor do tipo *stand-up*.[*]

— Larry foi um dos melhores comediantes no circuito. Eu queria que você o conhecesse porque não sei de ninguém melhor do que ele para se conectar com o público.

— E então, Ray, você faz apresentações de palco? — Larry perguntou.

— Eu o quê? Ah! Não. Não sou ator. Estou no ministério.

---

[*] Sem tradução para o português, a expressão *stand-up* (literalmente, "em pé"), em termos de comédia, refere-se à apresentação individual do comediante, valendo-se apenas da habilidade verbal para contar piadas e anedotas. [N. da T.]

Ray pronunciava as palavras como que se desculpando. Era um assunto do qual ele detestava falar. Sempre que dizia sua profissão a alguém, sentia que seria tachado de "religioso".

— Mas isso é ótimo! Will foi quem me conduziu a Cristo há uns vinte anos. É por isso que o dinheiro dele não vale nada no meu restaurante.

— É por isso que sempre peço o melhor churrasco — replicou Will com um sorriso.

— Mas escute bem, Ray. Não engane a si mesmo sobre não ser ator. Se você é pregador, faz apresentações, tal como eu mesmo. Quanto mais cedo aceitar o fato, melhor será para você.

— Por que diz isso?

— Bem, nós dois ganhamos a vida tentando convencer um grupo de pessoas de que estão contentes por terem saído de casa para nos ouvir.

— Acho que nunca pensei nisso desse jeito.

— Você realmente precisa aprender a pensar como um humorista, Ray — disse Will.

— Está querendo que eu conte piadas?

— Só se você for engraçado! — continuou Larry. — Mas, falando sério, não precisará contar piadas. Algumas pessoas conseguem fazer isso muito bem, mas outras são como o Will, aqui.

— Ei! Eu não vim aqui para ser insultado!

— Não, só para comer os meus filés. E você, Ray, precisará se tornar melhor observador de pessoas e de situações. Sempre que me ponho diante de uma multidão, procuro um jeito de me conectar com ela. Poderá ser alguma coisa como o clima daquele dia ou uma notícia de jornal, ou mesmo um chapéu engraçado que uma senhora esteja usando. Qualquer coisa que faça que essa primeira ligação seja feita. Quando se trata de um grupo que o ouve regularmente, você já estará conectado, e assim poderá ir direto à questão em pauta.

— Qualquer coisa para tornar o EU em NÓS — disse Ray, olhando para Will.

— Exato. Seu alvo será estabelecer a conexão. Mais uma coisa que aprendi observando humoristas, como o Larry, foi o benefício de usar um ceticismo adequado.

— Cético?

Larry sentou-se e começou a falar com Ray.

— Ora, o cético questiona o *status quo*, o presente estado de coisas. Observa as coisas de maneira diferente das outras pessoas. Como humorista, meu trabalho é olhar as coisas e fazer que meus ouvintes também as vejam de um modo diferente do que estão acostumadas a ver. Eu os levo a ver o aspecto humorístico das coisas mais comuns da vida. O seu trabalho é estabelecer a verdade bíblica e considerá-la de todos os pontos de vista: do cristão e do descrente, de homens e de mulheres, de jovens e de velhos. Uma vez feito isso, você poderá levantar as perguntas que seus ouvintes teriam em mente e responder a elas. Você terá estabelecido a *conexão*. Veja bem, Ray, estamos todos no negócio de fazer conexões. Você e eu realizamos tarefas diferentes, mas, no fim, o sucesso do desempenho humano está na questão: as pessoas estão conosco ou não. Para mim, o que estava em jogo era apenas a quantidade de risadas, mas para você o que está em jogo tem valor muito mais alto.

Ray ficou escutando enquanto Larry e Will relembravam os dias em Las Vegas e Atlantic City. Desejou que tivesse trazido um gravador, pois algumas das histórias dariam excelentes ilustrações. No final da noite, Larry, conforme havia dito, não permitiu que a conta viesse à mesa. Will e Ray saíram do restaurante, entraram de novo na cabina da caminhonete e tomaram a estrada.

Os dois estavam em silêncio, sob efeito da enorme refeição. Estava ficando tarde, e Ray precisava mesmo descansar.

— Então, vamos andar de caminhonete a noite toda, ou esta máquina tem um dispositivo para acampamento?

— Está pronto para fechar os olhos, Ray?

— Seria ótimo, se houver um bom hotel por aqui.

Com essa, Will torceu a direção de maneira abrupta, lançando Ray contra a porta do passageiro. Ray bateu a cabeça contra a janela. Os pneus cantaram na curva de acesso à rampa de saída. Assustado com a intempestividade do motorista que normalmente exibia tanto cuidado, Ray gritou:

— Will, pelo amor de Deus, o que está fazendo?

— Um último ponto para o imperativo número cinco, meu cara.

— Número cinco? Depois do sobressalto e da batida de cabeça, terei sorte se ainda lembrar meu próprio nome, quanto mais quatro imperativos.

— Ora essa! Você está exagerando, Ray. Afinal de contas, tenho idade para ser seu pai, não é mesmo? E não bati a *minha* cabeça.

Não dava para acreditar na atitude de Will. O que foi que aconteceu com o bondoso e aposentado motorista de caminhão? Ray tinha de admitir, sinceramente, que os atos repentinos de Will o haviam assustado, mais do que machucado. A caminhonete saiu da estrada e entrou no estacionamento de um hotel.

— Esse lugar aqui parece bom para você?

— Parece um bom hotel, mas o galo na minha cabeça merece uma explicação.

— Explicação? Bem, você está com sono e, como era eu quem dirigia, presumi que fosse minha a responsabilidade de providenciar um hotel. Além disso, como já falei, sou mais velho que você e não bati minha cabeça.

— É, mas você sabia para onde estava indo! Estava esperando a virada. Eu fui pego de surpresa.

— Engraçado como são as coisas, não é mesmo?

— E eu deveria entender alguma lição? Olha, sei que você está chegando a alguma coisa que tem a ver com a comunicação, jornada e, provavelmente, até mesmo com o *show* do comediante, mas faz um bocado de tempo que eu não durmo e...

— É justo. Mas, antes, Ray, há pouco você fez uma declaração que vale a pena considerar.

— Fiz?!

— Isso mesmo. E ajudaria se todo comunicador se lembrasse disso.

— Suponho que não se trata do meu galo na cabeça.

— Não diretamente. E, bem, desculpe por essa parte. Não era para ter acontecido bem assim. Só quis ressaltar um ponto, tornando-o inesquecível.

Ray admitiu que sua cabeça estava ótima e que, qualquer que fosse o ponto que Will queria destacar, ele tinha certeza de que não o poderia esquecer. Will continuou:

— Alguns minutos atrás, você disse que a razão pela qual não bati a cabeça naquela virada abrupta foi que eu sabia para onde íamos. Estava pronto para a virada abrupta. Como caminhoneiro, ou mesmo como motorista de qualquer veículo, sempre haverá ocasiões em que teremos pessoas que nos seguem. Às vezes, elas seguem de propósito para chegar a algum lugar e, outras vezes, simplesmente acontece de estarem na estrada. De qualquer modo, elas não têm a mínima ideia de quando vamos parar ou mudar de direção. Cabe a nós manter isso em mente.

— Está bem. E, então, o que devemos fazer?

— Devolvo a pergunta, Ray. O que você faz quando alguém o segue e você está pronto para virar?

— Uso os sinais apropriados, diminuo gradualmente a velocidade, olhando pelo retrovisor para me assegurar da boa condição dos que me seguem.

— Exatamente, Ray. Uma parte da tarefa de manter seus ouvintes envolvidos é ir devagar nas viradas.

— Sinceramente, foi isso que passou por minha cabeça na hora em que ela bateu na janela. *Por que ele não foi mais devagar e não avisou que iria virar?*

— Certo. A pergunta é essa. Agora, trazendo a coisa para a área da comunicação e da pregação. O comunicador é o único na estrada que sabe de antemão para onde vai quando está numa viagem. Você é o líder, e todos olham em sua direção, procurando sinais. Lembre-se, Ray: cada vez que você elaborar um sermão, estará fazendo o mapa da jornada. Toda jornada tem curvas e viradas. E tem, também, marcadores de quilometragem que indicam onde as curvas e viradas irão ocorrer. São os pontos de transição, de EU para NÓS e de NÓS para DEUS, e assim por diante, no mapa da mensagem. No sermão, chamamos essas marcas de *transições*, quando passamos de um aspecto da mensagem para outro aspecto. Quando chegamos a um desses pontos, temos a opção de fazer uma virada repentina, como eu fiz, ou de dar aos ouvintes as dicas verbais e não verbais de que estamos próximos de um ponto de transição. Se é que minha experiência vale alguma coisa, provavelmente seria uma boa ideia deixar que saibam o que está para vir.

Ray passou a mão no galo dolorido.

— Poderia ter sido pior. Já vi pregadores fazerem curvas e desvios tão grandes na mensagem que jogaram os ouvintes porta afora, e eles jamais tiveram ânimo para voltar à igreja.

— Will, quais são os sinais? Deveria instalar sinaleiros no púlpito?

— Se você ainda estiver usando um púlpito, talvez precise.

— Você tem alguma objeção quanto a púlpitos?

— Não, na verdade não. Está bem, tenho *alguma* coisa contra. Eles têm a tendência de isolar o comunicador do auditório, limitando a capacidade de utilizar o espaço para obter vantagem.

— Que espaço?

— Exatamente! Em geral, o púlpito toma todo o espaço de uma plataforma, e você não fica sem espaço para se mexer. Dicas físicas, não verbais, poderão ser indicadores de transições úteis para os ouvintes. Com liberdade para se movimentar, você poderá mudar sua posição para representar uma nova ideia. Se permanecer todo o tempo parado atrás de um púlpito, olhando para as anotações, perderá essa oportunidade e abrirá mão dessa opção.

— O que leva de volta, novamente, à *internalização da mensagem*.

— Exato. Mas de que adianta internalizar uma mensagem e, depois, esconder-se atrás do púlpito?

— Nunca pensei sobre o púlpito como um esconderijo.

— Não é, mas você tem de admitir que dá uma impressão de separação do povo. É apenas um indicador não verbal. Mais importantes são os indicadores verbais que fornecemos às pessoas, a fim de que saibam que está na hora de uma virada. Antes, os pregadores simplesmente diziam: "Agora, o segundo ponto é...", como se estivessem lendo um trabalho de faculdade.

Ray deu um sorriso amarelo, sem querer dizer ao Will que o "antes" aconteceu no sermão de domingo passado. Ray lembrava-se de "clicar" rapidamente os quatro pontos da mensagem. Não considerara a importância das transições. Era para isso que ele sempre pensara que serviam os esboços com espaços em branco no boletim dominical.

— Está bem, nada de sinaleiros no púlpito. E nada de púlpito exagerado! Qual é a melhor maneira de fornecer um indicador verbal?

— Será preciso formular cuidadosamente uma declaração transitória, indicando como chegar de uma seção a outra do mapa.

— Dê-me um exemplo.

— Bem, se eu estiver saindo da seção NÓS para a seção DEUS, poderei dizer algo como: "Não é maravilhoso saber que, ainda que tenhamos de enfrentar 'tal' questão, a Palavra de Deus tem o que dizer sobre ela?". Isso é bem simples, e, em geral, eu iria além. Mas pelo menos *amarrei* a tensão para o tratamento na seção seguinte na Palavra de Deus.

Ray absorveu tudo o que ouviu. *Quantas vezes, eu não fiz com que cabeças batessem contra as janelas, ou até mesmo joguei algumas pessoas para fora do templo?* Verdade seja dita, a ideia de jogar algumas pessoas para fora do templo não parecia assim tão má...

— Sabe, Ray, isso também se aplica à totalidade do culto. Não posso dizer a quantos cultos assisti onde a música, os anúncios, a mensagem e os outros elementos pareciam *desconectados*, não envolventes. Um pouco de atenção às declarações de transição, ou mesmo à música escolhida em função do contexto, poderá fazer do culto uma experiência de adoração em vez de diversos momentos suportáveis.

Ray encostou-se na poltrona e pensou nisso. Finalmente disse:

— Se utilizarmos os sinais para virar, propiciaremos transições que conduzam as pessoas ao próximo marcador de quilometragem na jornada em vez de deixá-las no acostamento à beira da estrada. Isso nos ajudará a manter o envolvimento dos ouvintes. Estou certo?

— Parece bom para mim. E, se este hotel à nossa frente estiver bem para você, será uma boa parada para dormir.

Ray e Will se registraram na recepção e, antes de alcançarem os respectivos quartos, a voz de Will soou elevada:

— Café da manhã exatamente às 7h30. Não se atrase!

Por um instante, Ray pensou que dormiria na cabina da caminhonete, mas, em poucos minutos, estava deitado numa cama confortável, no quarto 108. Telefonou para Sally a fim de contar-lhe sobre a surpreendente viagem. Contou sobre Will e os sete imperativos, ou pelo menos os cinco que já conhecia a essa altura. Assegurou-lhe de que chegaria no dia seguinte, mas, no fundo, não estava tão certo disso. Depois de duas ou três repetições do "durma bem" e do "eu amo você", Ray acertou o despertador e caiu no sono.

8

MOSTRE SUA IDENTIFICAÇÃO

Fazia tempo que Ray não dormia tão bem. *Talvez haja mesmo uma luz no final do túnel da pregação*, pensou. Em pouco tempo, Will e ele já estavam na estrada procurando onde comer. O serviço de *drive-thru* era rápido e conveniente, e em pouco tempo estavam de novo na estrada.

— Como estava o seu café? — Will perguntou, e Ray acenou em aprovação. — Esses lugares onde a gente passa e já pega a comida são uma das melhores coisas para o caminhoneiro. A gente economiza muito tempo quando não tem de parar e descer.

— Falando em parar, Will, já conseguimos cinco imperativos, e faltam apenas dois. Então, não pare agora.

— Não quer terminar o seu café da manhã?

— Sou do tipo de pessoa que enfrenta múltiplas tarefas simultâneas.

— Bem, Ray, o imperativo seguinte é um que não deveria ser problema para você...

— Ainda bem!

— Não deveria ser problema, mas será.

— Oh, vida!

— Ray, está vendo aquele caminha à nossa frente?

Will apontou para uma enorme jamanta ao norte da estrada de rodagem interestadual.

Ray olhou para o meio-fio e viu a enorme jamanta de 18 rodas que puxava um *trailer*.

— Difícil é deixar de notar esse monstro.

— Aquele é um Peterbilt 379 EXHD. Há um minuto, passamos por um WG64T e, antes disso, um Mack CH6113...

Ray interrompeu de novo.

— Então esse imperativo é algum dom de *Rainman*, de saber como identificar as maiores jamantas?

— Não, mas é um bom exemplo daquilo a que me refiro.

— Exemplo do quê?

— O imperativo número seis é: *encontre a sua voz*. Durante quarenta anos, eu era um homem dos caminhões Kenworth. Dirigi muitos modelos diferentes, de diversas cores, mas eram todos Kenworth. Como motorista de Kenworth, jamais consideraria dirigir um Mack ou um Volvo, nem outro caminhão qualquer. Não tem nada de errado com essas outras marcas. Na verdade, alguns desses caminhões têm detalhes muito legais. Só que eu gostava dos caminhões Kenworth, e era assim comigo.

— Você está parecendo com alguns dos meus amigos, adeptos das corridas de caminhões, que brigam quanto às vantagens da Ford *versus* Chevrolet.

— É a mesma coisa. Um motorista de Ford jamais admitiria um Chevrolet, e vice-versa.

— Entendi.

— Mesmo?

— Não. Estou brincando. Não tenho a mínima ideia de como isso pode fazer sentido, mas é interessante, de um modo primitivamente automobilístico. Se bem que me dá a ideia de estar comendo carne malpassada com as mãos.

Will riu.

— Aí está, de novo.

Ray ergueu os olhos.

— O quê? Outro tipo de caminhão?

— Não, Ray. O seu senso de humor. Uma parte de sua voz é o humor. O problema é que eu não conhecia esse seu aspecto.

Ray olhou para Will com ar de confusão.

— Mas nós só nos conhecemos ontem, não é?

— Na verdade, não. Você se esquece, Ray, de que eu o conheci muito antes de você me conhecer.

Will tirou um punhado de fitas-cassete do porta-luvas.

— É, mas esses não sou *eu*; são os meus *sermões*. — Mal as palavras lhe saíram da boca, Ray percebeu o que estava dizendo. — Isto é, claro que fazem parte de mim, só que... O que quero dizer é que escutar um sermão não é a mesma coisa que conversar com a pessoa ao vivo.

— Se você não estava falando para pessoas, exatamente para quem estava falando?

— Claro, eu falava para pessoas, mas estava pregando... sabe? — Ray lutava para explicar uma coisa que julgava ser universalmente compreensível.

— Exato. Você estava falando *para* pessoas, mas não estava falando *com as* pessoas, Ray. Há uma enorme diferença. — Will mantinha os olhos fixos na estrada, evitando olhar nos olhos do novo amigo. — Pior, *você* nem mesmo falava às pessoas. Era outro cara muito sério, todo circunspecto, sem o mínimo senso de humor. Puxa Ray, até a sua voz soa diferente. Não pode imaginar como fiquei agradavelmente surpreso quando o conheci. Depois de ouvir as suas mensagens, eu não tinha certeza de que queria passar umas duas horas com você, quanto mais dois dias.

A cabeça de Ray parecia estar girando. *Quando esse Will resolve descarregar o caminhão, ele não poupa nada. Será que isso tudo é verdadeiro? Será que tenho falado às pessoas sem levá-las em consideração? Claro que eu falava às pessoas: estava pregando! Os pregadores falam às pessoas. É o que fazem. Há séculos. É a ordem natural. Quem esse caminhoneiro pensa que é, para mexer assim com as coisas?* Ray brigava no coração, com certo sucesso, até que Will o interrompeu.

— Ray, você ainda está comigo?

— Sei não. Acho que sim... Mas poderia ser outra pessoa falando, e eu apenas *achando* que estou aqui. — Era óbvio que Ray estava com os sentimentos feridos.

— Olhe bem! Eu lhe disse que não seria fácil.

— Pensei que você se referia a aprender alguma técnica nova de estudo; não aprender a ser alguém que eu não sou.

— É exatamente isso, Ray. Você já aprendeu tudo sobre como ser quem você não é! Eu quero que aprenda a ser quem você realmente *é*. Quero que dirija o caminhão para o qual você nasceu para dirigir: encontrar a sua voz, sua expressão. Quero que se coloque à frente de seu povo e seja *você mesmo*. É simples assim. Você é caloroso, divertido e amigável, com uma sagacidade surpreendente. Fica evidente que você se importa muito com as pessoas e que tem muito a oferecer.

A essa altura, Ray não tinha certeza se receberia ou não um abraço, mas no momento era grato pela existência do suporte do câmbio, entre ele e Will. Sabia que Will estava certo. O problema era que não sabia o que fazer com isso. Tinha procurado Will para descobrir o que fazer, e agora a resposta estava dentro dele mesmo?

— Espere aí. Se tenho de ser eu mesmo, por que estou aqui, aprendendo de você como deverei comunicar melhor?

— É uma pergunta válida. O meu alvo não era o de fornecer-lhe um estilo de pregação, nem fazer de você o meu clone. Meu alvo era dar-lhe algumas dicas que lhe permitissem ser autêntico na comunicação. Essa é a beleza de levar as pessoas numa jornada em vez de lhes pregar um sermão.

— É. Eu entendi. Está certo... acho.

— Você se lembra de como contou sobre as suas férias? Foi uma *boa* história, bem relatada. Foi interessante, engraçada e até comovente em algumas partes. Prendeu minha atenção durante todo o tempo. Você sabe contar uma boa história, Ray. Simplesmente precisará se levantar e "contar" a mensagem tal como conta uma história. Grande parte do tempo, parece que você prega na terceira pessoa. Fala a respeito de coisas que acontecem com outras pessoas e coisas que outras pessoas disseram. Esse é um dos problemas de quando as pessoas escrevem e leem suas mensagens. Soa como se estivessem lendo alguma coisa de outro autor, porque, na verdade, *estão* lendo alguma coisa. A sua congregação precisará ouvi-lo *falar com* ela.

— Sei que estou sendo repetitivo, Will. Mas *como* é que deverei fazer exatamente?

— Você e eu estamos sentados nessa caminhonete há dois dias, conversando. Você precisará desenvolver uma conversa com o seu povo. Precisará puxar uma cadeira e sentar-se com a congregação como se fosse com cada pessoa, para conversar sobre os diversos temas cobertos pela mensagem.

— Mas uma conversa ocorre entre duas pessoas, pouco mais. Terei de abrir espaço para que façam perguntas e comentários?

— Bem, isso seria interessante, mas não o recomendo. Você poderá desenvolver uma "conversa" durante a pregação, levantando as perguntas que os seus ouvintes teriam em mente enquanto o ouvissem, a fim de responder a elas. Não é questão de pedir que eles falem, mas de reconhecer que eles estão *ali*. Já falamos sobre isso sob o tema do mapa: *EU-NÓS-DEUS-VOCÊS-NÓS*. Quero apenas que você acredite que poderá seguir o mapa, sendo você mesmo, não como eu nem qualquer outro pregador.

— Outro pregador?

— Ray, um dos problemas que muitos comunicadores têm é que eles escutam sempre os mesmos pregadores. Têm seus prediletos e os imitam da maneira errada, chegando a soar como eles, Charles Swindoll, Charles Stanley, Rob Bell, seja lá quem for. A verdade é que você precisa escutar muitas pessoas diferentes. Não apenas para estar exposto a ideias diferentes, mas para que não seja exageradamente influenciado por um só estilo. Lembre-se de que seu alvo é ser *você mesmo* lá na frente.

Will fez uma pausa, olhando para o jovem pastor.

— Há, porém, um comunicador que eu quero que você escute o máximo que puder.

A cabeça de Ray correu pelo panteão de grandes oradores de vozes de ouro. Quem seria? Haveria um exemplo acima de todos para ele seguir?

— Você precisa escutar o comunicador que *você* é, em Cristo.

Foi Pete quem mandou que ele dissesse isso, Ray pensou, lembrando da admoestação de *trabalhe nisso*, escutando seus próprios sermões.

— Você tem de escutar *cada uma* de suas mensagens — Will continuou. — Ouvir crítica e cuidadosamente, até que encontre sua própria voz.

— Quando você diz "a minha voz", refere-se ao meu estilo?

— O que quero dizer é que deverá conhecer a si mesmo e expressar-se de maneira que todos que o escutam reconheçam quem é você. Uma vez encontrada a sua voz, você terá de continuar escutando para se certificar de que não a perca. Será até melhor se puder montar uma câmera de vídeo. Você ficará surpreso com quanto será possível aprender, observando você mesmo na pregação.

— Não sei, Will. Concordo com isso, mas simplesmente... simplesmente não sei como *começar*. Há tanto tempo que eu faço isso que eu não sei se *consigo* mudar.

— Não quero soar como um disco quebrado, mas você muda a cada domingo, quando se apresenta à frente da congregação. Você entra na igreja como você mesmo e, depois, quando está atrás do púlpito, parece outra pessoa. Estou tentando fazer que você *não* mude a cada vez. Sei bem o que você quis dizer sobre *como* começar. Tenho algo que poderá ser um começo, mas é bem radical.

— Mais radical do que voar mil e seiscentos quilômetros para aprender a pregar com um caminhoneiro?

— Talvez seja. Quero que feche os olhos e pense no lugar em que você se sente mais confortável. O lugar onde você consegue ser mais autêntico, você mesmo.

Ray fechou os olhos.

— Sei lá. Acho que seria no balanço do meu quintal. Minha mulher e eu nos sentamos ali...

— Um balanço, hein? Bem, eu imaginava que você tivesse um sofá ou uma poltrona reclinável, mas, se é um balanço, tudo bem — Will deu uma olhada para o jovem pregador. — Eu lhe disse que seria radical. Acho que, no lugar do púlpito, você deveria montar um balanço na plataforma da igreja.

— Um balanço? Na plataforma? Acho que você anda ficando tempo demais perto do cheiro de gasolina, Will.

— Pode ser, mas você terá de estar confortável ali, e um dos jeitos de fazer isso será mudando o ambiente. Ainda bem que você não disse que o lugar mais confortável, para você, seria o banheiro.

Ray deixou que o riso corresse solto.

— Isso é que seria algo inesquecível! Então, *encontrar a voz* significa ser autêntico na pregação. Terei de descobrir se sou o tipo de cara certo para os caminhões Kenworth ou para os Peterbilt.

— Não gostar de caminhões também poderá ser outra opção. Talvez não uma opção muito piedosa, mas uma opção.

9

PRESO NO MEIO DE NADA

Enquanto ruminava a ideia de encontrar a própria voz, Ray observava a paisagem que passava. Tudo que Will dissera fazia sentido. Pela primeira vez, Ray sentia que tinha um plano de comunicação. O senso de confiança crescente fez que a onda repentina de pânico fosse ainda mais assustadora. *E se nada disso der certo?*

— Will, essas coisas, algumas vezes, falham?

— O que você está querendo dizer, Ray?

— Esses tais sete imperativos podem, às vezes, não dar certo?

— Se, com isso, você estiver me perguntando se há ocasiões em que eu empaco e não sei o que devo fazer, então, a resposta é *sim*.

— Não é ótimo? — o pânico de Ray irrompeu a todo vapor.

— É aí que vem o número sete.

— É mesmo. Só cobrimos seis imperativos.

— E o número sete foi o último imperativo que aprendi como caminhoneiro. Veja bem, a reputação do motorista vem da sua capacidade para fazer uma entrega segura e em tempo hábil.

Não poderá se atrasar, senão os compradores não terão aquilo que precisam na hora que precisam. Se um freguês não puder contar com entrega da mercadoria intacta, dentro do prazo, isto é, na hora que precisa... bem, digamos apenas que ele não permanecerá na empresa por muito tempo. Toda vez que me punha atrás do volante, eu sabia que alguém estaria contando com a minha entrega na hora esperada. Sabia também que muita coisa poderia dar errado: o clima, o trânsito, maus motoristas, e, pior de tudo, falha no equipamento. Eu não poderia perder tempo girando as rodas sem chegar a lugar nenhum, e teria de estar pronto para qualquer eventualidade.

— Você poderia ter sido um bom carteiro,[*] Will.

— Mesmo princípio, caminhão menor. O fato é que eu tinha de ter em mãos as ferramentas certas para quando precisasse delas.

Will afastou a caminhonete da estrada, entrou numa área de descanso e saiu da cabina. Ray o seguiu até a traseira da caçamba, onde Will abriu uma grande caixa de ferramentas.

— Esta é uma ninharia em comparação com as ferramentas que tinha, quando dirigia as *jamantonas*. Levava ferramentas, sinal luminoso, marcadores de aviso de perigo, macaco hidráulico, qualquer coisa de que pudesse precisar, caso ficasse retido por alguma falha mecânica.

— Estou aprendendo. Com certeza, vou comprar um daqueles sinais luminosos quando voltar para casa. Como exatamente isso se aplica à comunicação?

— Todo domingo, você tem uma entrega a fazer. Pelo que sei, os domingos chegam a cada sete dias, de um jeito ou de outro.

---

[*] Nos Estados Unidos, há um lema de honra que diz que "nem neve, nem chuva, nem qualquer outro impedimento fará o carteiro deixar de entregar a correspondência". [N. da T.]

— Às vezes, parece que só se passaram três dias de domingo a domingo. Continue.

— E nos sábados à noite, quando fica lá, sentado, sem ideia de aonde quer chegar com a sua mensagem, você está parado. Preso na estrada.

— Perdido e parado são, no caso, ideias mais ou menos semelhantes. Perdido é quando você não sabe aonde está indo...

— É do que tratamos nos itens *escolha um ponto* e *crie um mapa*, certo?

— Certo. Mas parado, preso, é quando você sabe aonde quer chegar, mas não consegue sair de onde está. A razão pela qual você nunca se viu preso é que não estava realmente indo para algum ponto definido; estava apenas preenchendo o tempo.

Will percebeu que estava batendo mais forte do que pretendia. Ray percebeu que o processo de pregação de uma mensagem de um só ponto poderia ser mais difícil do que imaginara.

— Pensei que isso tornaria mais fácil a comunicação; não mais difícil.

— Nunca falei que seria mais fácil. Ela se torna mais efetiva — Will riu. — Não se preocupe, Ray. Estou apenas dizendo que, quando você estiver aplicando os primeiros seis imperativos para levar seus ouvintes numa jornada, poderá haver um ponto em que você se sinta preso numa parada não planejada. É quando precisará do número sete. Confio em mim. Eu sei.

— E então qual é a mágica do número sete quando a gente *empaca*?

— *Encontre um ponto de tração.* Quando você fica preso na estrada, tem de começar de novo.

— E o que você usa para isso?

— Vou até a caixa de ferramentas e apanho o que preciso.

— Então, deverei acender um sinal luminoso no púlpito? Isso acordará os que estiverem dormindo no banco de trás!

— Ideia certa, mas caixa de ferramentas errada. Tenho duas ferramentas certas para quando fico empacado num ponto do sermão. A primeira é a oração.

— Estava me perguntando quando você chegaria a esse assunto de oração.

— Ray, o processo todo é coberto pela oração. Se você não estiver orando antes, durante e depois do seu preparo, será melhor nem começar. Aqui, eu me refiro a ficar espiritualmente prostrado, de cara no chão diante de Deus, e permitir que ele verifique o meu alinhamento. Estou indo na direção errada? Estaria acontecendo alguma coisa que teria de ser consertada? Um defeito no ponto que escolhi?

— Entendi, Will. Eu não quis dizer que você não estaria buscando a Deus em tudo isso. E então qual é a segunda ferramenta?

— É uma lista de controle. Uma lista de perguntas que me ajudam a avaliar se estou no caminho certo, ou não, e para me ajudar a voltar ao caminho. Faço perguntas que me proporcionam tração.

— Seriam perguntas de caminhoneiro, com jargão de radiocomunicador: QRU, QRU, problema, Will; preciso de um QSO, fazer contato; qual seu QTH? — disse Ray em tom jocoso.

Will não sorriu.

— Sei do que se trata, mas o jargão não é matéria de piada. Vocês, leigos, quase estragaram as coisas com esses filmes sobre caminhoneiros. Graças a Deus, hoje temos celulares.

— Desculpe-me. Quer dizer que você não vai me dizer quais são as perguntas? Terei de telefonar, na hora da pregação? — Ray prosseguiu, provocativo.

— Vou lhe dizer, Ray, mas primeiro entre na caminhonete. Temos um horário a cumprir.

Os dois entraram no veículo e em pouco tempo estavam rodando pela estrada.

— São estas as perguntas. O que os ouvintes precisam saber? Por que precisam saber disso? O que eles precisam fazer? Por que precisam fazer isso?

— Só isso?

— *Isso* é muita coisa. Depois de gastar o tempo necessário estudando o texto bíblico e elaborando a mensagem, é fácil perder de vista o ponto que você quer destacar. Você sai numa tangente ou uma ideia o distrai levando-o noutra direção.

— Rock City, não é mesmo?

— Exato. Antes que perceba, você estará num beco sem saída, sem jeito de retornar. O que os ouvintes precisam é de informação exata. O princípio bíblico que você extraiu das Escrituras. Se, a essa altura da exposição, você não consegue articular o ponto, pelo menos já sabe onde é que precisa de tração. A questão do por que precisam saber é a motivação. Você apresentou uma razão clara para aplicar o ponto à vida no dia a dia? Vem, então, o que eles precisarão fazer. Obviamente é uma questão de aplicação. Você apresentou uma maneira clara sobre como aplicar o ponto à vida diária? Finalmente, por que eles precisariam fazer isso? Essa pergunta trata de inspiração. Dê-lhes uma visão de como a vida dessas pessoas será quando tiverem aplicado o princípio. Uma vez que você tenha respondido a tais perguntas, não demorará muito para que esteja de volta ao rumo.

— Will, não quero parecer desrespeitoso, mas tudo isso parece muito simplista, muito na cara.

Sem responder com palavras, Will estendeu a mão até o console e pegou alguma coisa do porta-luvas. Era uma chave inglesa de cromo brilhante.

— Já viu uma ferramenta mais comum e simples do que essa, Ray? Contudo, eu garanto que, na hora de soltar ou apertar uma porca ou um parafuso, não existe nada melhor. Só porque é simples não quer dizer que não seja eficaz. As melhores ferramentas são assim.

10

UMA NOVA ATITUDE

Os dois continuavam na rodovia. Ray notou que o trânsito estava mais intenso, significando que se aproximavam de área metropolitana. Um sinal na estrada indicou: *Atlanta, 22 quilômetros*.

A aventura de Ray e Will estava terminando. Chegavam ao ponto em que tudo começou. Ray ficou imaginando se, em sua jornada de vida, também voltaria ao mesmo lugar. Poderá um tigre mudar suas listras? Poderá um pregador mudar o jeito com que tem pregado há anos? Será que tudo isso não teria valido nada ou... quem sabe, as pessoas da igreja estivessem prestes a ter uma grande surpresa no próximo culto de domingo?

De repente, Ray ficou impactado. O alvo! Will nunca lhe falou do verdadeiro alvo.

— Você ainda não falou sobre o alvo, Will.

— O quê?

— Quando começamos, você disse que não era importante àquela altura; apenas que soubesse que não sabia. Estamos nos aproximando do aeroporto, e eu já vou voltar para casa; acho que, agora, é a hora de considerar o alvo.

— Ray, é como o sapato vermelho, em *O mágico de Oz*.* Você já tinha consciência do alvo, o tempo todo.

— Nenhum lugar é melhor que o meu lar?

Will gargalhou.

— Não. É tão simples que você não enxerga. Feche os olhos e pense no povo da Igreja da Comunidade de Meadowland. O que você quer para eles?

Ray fechou os olhos e começou a pensar no rosto de homens, mulheres e crianças, jovens e velhos de sua igreja. Pensou sobre muitas conversas, sessões de aconselhamento e histórias ouvidas nos últimos dez anos. Histórias de lutas e desafios, de alguns sucessos e vidas transformadas. *Vidas transformadas*. É isso!

— Quero ver vidas transformadas, refletindo o amor de Cristo.

— Então. Não foi tão difícil assim, hein? Agora que já determinou o alvo, tome um trecho único das Escrituras e apresente-o de maneira clara, envolvente, memorável, para que seus ouvintes possam aplicar. Assista, então, enquanto Deus transforma a vida deles.

— Antes de ontem, eu teria dito: "Fácil falar". Mas, por mais estranhas que as circunstâncias tenham sido, quero que saiba que decididamente fui ajudado.

Dava para ver que alguma coisa perturbava Ray. Will disse, então:

— Você parece um tanto incerto.

— Incerto? Will, estou no ministério há dez anos, e durante dez anos fiz as coisas do único jeito que eu sabia. Fui ensinado assim, e observei outras pessoas fazendo assim, antes de mim.

---

* Em *O mágico de Oz*, de Baum, Dorothy é carregada por um ciclone para a terra de Oz, onde, no começo da aventura, recebe um par de sapatos vermelhos. Em toda a jornada, procurando voltar para casa, não sabia que os sapatos vermelhos seriam seu passaporte para a volta. [N. da T.]

UMA NOVA ATITUDE

Agora, no espaço de seis meses, assisti a um jogo de beisebol e passei um dia no seu caminhão. Estou pensando em lançar-me numa direção completamente nova. *Incerteza* é pouco para o que estou sentindo.

Os dois permaneceram em silêncio até chegar ao aeroporto *Peachtree Dekalb*. O aeroporto estava relativamente calmo para o meio-dia. Will estacionou a caminhonete e só então se voltou para Ray:

— Isso o assusta?

— O quê?

— Fazer as coisas de maneira completamente diferente?

— Não deveria?

— Eu me preocuparia, se você não estivesse assustado, Ray. Mas há duas coisas para lembrar. Primeiro, Deus lhe deu muito para dizer. Tenho escutado as suas fitas. Você tem grande entendimento da Palavra de Deus. De verdade. Creio que Deus tocará muitas vidas por seu intermédio. Não perca de vista que é Deus quem realmente fala. Nós somos apenas porta-vozes. Segundo, levei anos para aprender todos aqueles sete imperativos. Alguns deles, mais ainda. Não desanime se as coisas não mudarem da noite para o dia. Como a maioria das coisas, este é um processo. Quanto mais pregar e mais escutar, mais entenderá. Não demorará muito, e você não desejará pregar de outro modo.

Os dois homens saíram da caminhonete, dirigindo-se ao terminal, para o avião particular Gulfstream, das Empresas Harlan.

— Quero lhe dar uma coisa.

Will entregou um pequeno e surrado caderno a Ray.

— O que é isso?

— Um caderno que guardo há anos, com registro dos sete imperativos que discutimos. Tudo o que conversamos e mais algumas coisas de que não falamos estão aí. Quero que fique com o caderno para não se esquecer de nada.

— Não posso. Você ainda tem muito que pregar. Vai precisar dele.

— Como eu lhe disse, Ray, está tudo aqui, no coração. Dentro de pouco tempo, confio em Deus que isso fará parte de você, como faz parte de mim.

Ray sorriu.

— Isso quer dizer que um dia desses estarei dirigindo uma jamanta, como você?

— Só se tiver muita sorte, Ray.

Will olhou, erguendo a mão, enquanto seu novo amigo entrava no jato particular. Ray percebeu o gesto. *Uma bênção? Se for, eu aceito.*

Maravilha! Ele sorriu ao afivelar o cinto. *Este sim que é o jeito de viajar!* Enquanto a pequena nave taxiava na pista, a mente de Ray já estava em casa. Era terça-feira, e logo chegaria o domingo. Aqueles velhos sentimentos de pavor começavam a se desenrolar no coração. Será que o domingo seria mesmo diferente? Sabia que o povo da Igreja da Comunidade de Meadowland ainda estaria ali, e ele teria de lhe entregar a mensagem.

Tirou o caderninho do bolso. Folheando as páginas, vieram-lhe as frases: determinar o alvo, escolher um ponto, criar um mapa, internalizar a mensagem, envolver os ouvintes, encontrar sua voz e encontrar um ponto de tração.

O jatinho levantou voo, ele devolveu a caderneta ao bolso e ajeitou-se na poltrona macia de couro amarelado.

Conseguiria cumprir a tarefa. Deus sempre estaria ali; seria ajudado.

Quando o jatinho subiu ao céu do entardecer, ele sentiu algo que não sentia por muito tempo: *empolgação*!

Parte 2

COMUNICAÇÃO PARA UMA MUDANÇA?

Pena que poucas pessoas tenham um Will Graham na vida. Imagine como seríamos mais efetivos na comunicação se alguém tivesse um tempo para nos escutar e avaliar-nos nesse grau. Tal tipo de treinamento é raro no campo da comunicação. É uma das razões pelas quais resolvemos escrever este livro. Lane e eu temos servido como Willy Graham na vida de diversos comunicadores nos últimos oito anos. Por mais artificiais que possam parecer alguns dos diálogos entre Will e Ray, em grande parte foram inspirados por conversas (e confrontos) reais que tivemos, em nosso papel de treinadores de comunicação. Você ouvirá várias dessas histórias nos capítulos que seguem.

O restante do livro é uma explicação detalhada dos *Sete Imperativos*. Talvez você ache algumas de nossas ideias desafiadoras ou, quem sabe, pouco ortodoxas. Mas, antes de descartá-las como impraticáveis, permita que as apresentemos num contexto compreensível para todos. Se você visse sua filha de 3 anos prestes a colocar a mão num escorpião, o que não faria para impedi-la? Imagino que abriria mão de todas as regras normais de comportamento, até mesmo de decência, para impedir que o ferrão do escorpião lhe ferisse os dedos. Você gritaria. Correria para dentro de casa. Saltaria sobre os móveis. Arriscaria se ferir, se necessário, para mantê-la a salvo. Faria o que fosse preciso.

Toda pessoa que fica sentada, polidamente, e o escuta a cada domingo, está apenas a um passo da destruição moral, financeira e conjugal. Cada uma delas.

Muitas estão considerando escolhas com consequências nefastas para o resto da vida. Há maridos à beira da infidelidade. Esposas cujos horários são insustentáveis. Casais que se afogam num mar de dívidas. Adolescentes que estão ali porque foram obrigados pelos pais. Rapazes que pensam ser homossexuais. Moças que acreditam que seu valor não ultrapassa o valor da beleza física.

Estão ali sentados. Em silêncio. Esperando. Duvidando. Aguardando. O que é que vamos fazer? O que é que você vai fazer? O que vai dizer?

É a um mundo como esse que fomos chamados a falar. São essas as questões a que fomos chamados para confrontar. Há muito em jogo. Muitos riscos. A grande notícia é que as páginas das Escrituras estão repletas de princípios, narrativas e verdades que tratam de cada uma dessas necessidades. A pergunta a que você tem de responder é: até que extremo está disposto a ir, na criação de um sistema de entrega de mensagem que se conecte com o coração de seus ouvintes? Estaria disposto a deixar de lado um estilo, uma abordagem, um sistema já fora de moda, projetado para uma cultura que não existe mais? Estaria disposto a sair de sua zona de conforto, a fim de entrar na vida das pessoas que Deus pôs sob seus cuidados? Estaria disposto a fazer os ajustes necessários? Pensaria em abrir mão de seus acrósticos, aliterações e esboços de três pontos para falar às pessoas em termos que elas compreendam? Estaria disposto a comunicar a ponto de isso resultar em transformação de vidas?

11

DETERMINAR O ALVO

O que você está tentando realizar?

A maioria de nós, pregadores, já experimentou ir para o carro, depois de uma mensagem, sentindo o sabor da vitória. E também já saímos "de fininho" pela porta dos fundos, esperando não ter de olhar ninguém nos olhos. Em muitos domingos, senti que deveria pedir desculpas aos ouvintes por obrigá-los a aguentar o que estive pregando durante quarenta minutos. Existe uma vantagem em pregar várias vezes, no mesmo fim de semana. Geralmente acerto, pelo menos, em um dos três sermões. Geralmente.

Muitas vezes, nossos sentimentos quanto ao desempenho estão ligados ao julgamento que fazemos: como apresentamos a ilustração, tratamos o texto, lembramos das transições, destacamos o ponto que queríamos enfatizar e como fizemos a aterrissagem. Isso é normal.

Contudo, por mais que neguemos, preocupamo-nos mais com o que os outros dizem. Se você for como eu, se importará mais com a hora logo depois da entrega da mensagem. É nessa hora que recobramos a tão necessária perspectiva de perceber quem somos e quem não somos. Enquanto vamos para casa, reconhecemos nossa incapacidade para transformar o mundo com um único bom sermão. Nem a cristandade entrará em colapso por causa de um mau sermão.

Durante e imediatamente após a pregação, ficamos vulneráveis. Nosso ego está em jogo. Estamos sensíveis e facilmente nos ferimos. Se você tiver algo bom para dizer quanto a meu sermão, faça-o imediatamente. Se você tiver uma "sugestão", espere até quarta-feira. Mesmo que eu peça sugestões, espere até a quarta. Por enquanto, esconda, se precisar. Fale-me da coisa que foi boa. Se não houver, não se preocupe: eu já sei disso.

A pregação é uma apresentação. Os pregadores são apresentadores. Mas, diferentemente do comediante, é esperado que façamos mais do que apenas divertir. Esperamos ser instrutivos, inspirados, teológicos e ao mesmo tempo envolventes. Lá estamos, de pé. Sozinhos. Todos os olhos estão fixos no pregador. Eles aguardam. Esperam. Cheguei a mencionar que temos de falar com os mesmos ouvintes semana após semana? Falei que a semana toda eles estiveram escutando meu pai, e ainda Chuck Swindoll, Ed Young e Sean Hannity, no rádio do carro? De quem é essa ideia?

Não é de surpreender que os sentimentos quanto a *como fomos* estejam ligados ao nosso desempenho. Há muita pressão sobre o bom desempenho. Apesar disso, o alcance da nossa avaliação terá de ir além da nossa apresentação. Teremos de prestar mais atenção e nos esforçar para melhorar, sim, mas existe algo mais importante a considerar. O *resultado*. O que as pessoas farão como resultado daquilo que dissemos. A disposição dos ouvintes de agir em relação ao que ouviram. Transformação de vidas.

Enquanto nossos sentimentos se limitam a nosso desempenho, naquele momento, o momento não valerá muito. Se a preocupação for essa, seu modo de pregar, seu estilo, seu humor, sua conclusão, o uso do tempo... tudo se resumirá em você mesmo. Mas há de chegar o ponto em que começaremos a nos importar mais com as pessoas do auditório do que com a pessoa da plataforma. Quando isso ocorrer, nossa apresentação terá significado verdadeiro. Até que o façamos, a comunicação se limitará apenas a nossos próprios ouvidos.

Assim, antes de discutirmos o assunto "como", temos de tratar do "o quê". *O que* você está querendo fazer? *Qual* é seu alvo na comunicação? *O que* você obtém? *O que* você quer ver como resultado de seus anos de pregação e ensino da Palavra?

É uma pergunta extremamente importante. Por quê? Porque *nossa abordagem à comunicação deve ser elaborada sobre nosso alvo na comunicação*. Fomos criados ouvindo pregadores que tinham basicamente a mesma abordagem. Depois, fomos a escolas teológicas em que aprendemos a desenvolver pregações segundo as linhas do estilo que estávamos acostumados a ouvir. É provável que ninguém tenha desafiado você a pensar seriamente sobre o alvo do comunicador. Simplesmente ensinaram determinada abordagem. Mas, se a abordagem à comunicação não sustentar o alvo do comunicador, algo estará desconectado. Você estará gastando horas, preparando mensagens que não foram feitas para realizar aquilo que é seu objeto de paixão.

Então, qual é o seu alvo? O alvo determinará o tipo de apreciação que você fará da minha abordagem. Essa abordagem é impelida por um alvo muito específico.

TRÊS POSSIBILIDADES

A essa altura, será útil alistar os possíveis alvos de comunicação com base nas Escrituras. Será bom que focalizemos as três coisas que motivam a maioria dos comunicadores nas nossas igrejas. A primeira é: *ensinar a Bíblia às pessoas*. Aqui a ideia é ensinar o conteúdo bíblico para que as pessoas interessadas compreendam e aprendam a navegar nas Escrituras.

Em geral, esse é o alvo do pastor ou do mestre que ensina, metódica e sistematicamente, versículo por versículo dos livros da Bíblia. É o alvo perfeito para o comunicador que simplesmente deseja explicar o significado da Bíblia. "Continuamos na próxima semana onde paramos nesta..." Tal abordagem não exige criatividade. Não tem necessidade de incluir nenhuma aplicação. Presume grande interesse por parte dos ouvintes. Sinceramente, é uma abordagem fácil em comparação com outros métodos de comunicação.

Certa vez, num Domingo de Páscoa, vi esse tipo de abordagem levado ao extremo, em Dallas, Texas. Eu visitava uma igreja bíblica com alguns amigos. No caminho, eles me explicaram que o pastor estava pregando uma série de sermões sobre o livro de Salmos. Era a quadragésima terceira semana. A Páscoa seria na quadragésima quarta semana. No Domingo de Páscoa, como previsto, o pregador continuou com o salmo 44. Fez referência à Páscoa, em algum ponto. Entretanto, apenas como um desvio. Em sua defesa, devo dizer que de fato ele estava ensinando a Bíblia às pessoas, e sua abordagem combinava com o alvo.

PRIMEIRO AS PESSOAS

Um segundo alvo seria o de *ensinar pessoas a irem à Bíblia*. Este alvo difere do primeiro porque o comunicador, planejando sua abordagem, mantém em mente seus ouvintes. Afinal, o objetivo é ensinar *pessoas*. Os comunicadores que assumem esse tipo de alvo estão sempre à procura de meios efetivos para transmitir a verdade bíblica à mente e ao coração do ouvinte. Tal alvo estava por trás da abordagem de "três pontos e uma aplicação", na pregação mais comum. O sermão ou ensino de múltiplos pontos é excelente para o comunicador que tem como alvo ensinar as pessoas a irem à Bíblia. Um esboço torna mais fácil para o ouvinte médio seguir o assunto.

DETERMINAR O ALVO

Pregadores e mestres que assumem tal tipo de alvo muitas vezes empregam a aliteração e múltiplas ilustrações. Afinal de contas, a repetição de fonemas idênticos ou parecidos, no início de cada ponto, junto com ilustrações, facilita o entendimento e a memorização das partes do texto que estão sendo ensinadas. Certa vez, eu trabalhei com uma pessoa que fez a aliteração do livro de Jeremias inteirinho.

Legal, hein?

Qualquer estratégia de comunicação que siga esse segundo alvo requererá sensibilidade para com os ouvintes e, portanto, certo elemento de criatividade. Quando ensinava estudantes do ensino médio, desenvolvi uma rima para cada capítulo do livro de Atos, para que pudessem lembrar o assunto de cada capítulo do livro. Certamente isso lhes foi bastante prático nos fins de semana.

Em geral, a preocupação primária do comunicador cujo alvo é ensinar a Bíblia às pessoas é: Terei coberto todo o material? A preocupação primária do comunicador cujo alvo é ensinar as pessoas a irem à Bíblia é: Terá, meu auditório, entendido a mensagem; será que se lembrarão do material exposto? Em ambos os casos, o sucesso é medido em termos de transferência de informações.

Se a expressão "maturidade espiritual" fosse sinônima de transferência de informações ou, mais especificamente, de transferência de conteúdo bíblico, qualquer das duas opções seria excelente.

No entanto, não é assim. Você sabe disso. Todo mundo que eu conheço sabe disso. As pessoas que não sabem, não leriam este livro.

Sabemos que o mero conhecimento da Bíblia poderá conduzir ao orgulho, a antítese da maturidade espiritual![1] Interessante será

---
[1] 1Coríntios 8.1.

notar que o grupo que mais conhecia as Escrituras do Antigo Testamento era o mesmo que considerava Jesus um blasfemo e que tramou sua crucificação. Não bastará apenas conhecer.

OUVIR E PRATICAR

Um terceiro alvo, que eu tenho para minha vida, é *ensinar as pessoas a viverem uma vida que reflita os valores, os princípios e a verdade da Bíblia*. Em suma, meu alvo é a transformação. Quero que as pessoas façam algo diferente, e não apenas ouçam.

Quando termino a pregação, quero que meus ouvintes saibam o que fazer com aquilo que ouviram. Quero que saiam motivados à ação. Tal alvo vem do que entendo ser o ensino bíblico com respeito à maturidade espiritual. Maturidade espiritual é medida por meio da aplicação, e não apenas da contemplação. Tiago diz bem: "A fé sem obras é inútil".[2] "Sejam praticantes da palavra, e não apenas ouvintes, enganando-se a si mesmos."[3]

Jesus também tratou do assunto: "Com isso todos saberão que vocês são meus discípulos, se vocês se amarem uns aos outros".[4] Quando perguntaram quais seriam os maiores mandamentos, ele resumiu toda a Lei a dois imperativos orientados à ação: amar a Deus e amar o próximo.

O meu amigo Randy Pope expressou-se sobre o assunto da seguinte forma: "A pregação não é falar com as pessoas *a respeito* da Bíblia; é falar às pessoas a respeito delas mesmas por meio da Bíblia".[5]

Eis, portanto, o meu ponto: *a pregação para a transformação requer uma abordagem de comunicação diferente da dos dois alvos*

---

[2] Tiago 2.20.
[3] Tiago 1.22.
[4] João 13.35.
[5] Randy Pope, "Preaching in the Prevailing Church, An Interview with Randy Pope", **Preaching**, 21, n. 4 (jan-fev/2006): 46.

anteriormente discutidos. Todo pregador que conheço quer ver vidas mudadas como resultado de sua pregação e seu ensino. Mas poucos comunicadores desenvolveram uma forma de comunicação que sustente tal paixão. Simplesmente adaptaram a abordagem que receberam da geração anterior.

A pregação para mudança de vida envolve a escolha dos trechos mais adequados e aplicáveis aos nossos ouvintes-alvo. Foi o que Jesus fez. Foi o que o apóstolo Paulo fez. Eles trataram de necessidades reais, apoiando o ensino com referências do Antigo Testamento. Não há nas Escrituras nenhum exemplo ou referência a alguém que ensinasse por meio de um livro do Antigo Testamento. Sabiam bem o que fazer.

Acho especialmente divertido quando ouço falar de pastores que passam meses pregando uma das epístolas. Pense nisso. Cada epístola é um argumento escrito cuidadosamente, tratando de questões específicas de uma igreja específica. Então, o que nós fazemos? Uma exegese cuidadosa de uma carta escrita a uma igreja do século I, a respeito das questões que enfrentavam, enquanto ignoramos aquilo que acontece bem à nossa frente. Se de fato queremos aprender do apóstolo Paulo, deveremos tratar das questões específicas que os nossos ouvintes enfrentam. É por isso que teço uma mensagem sobre pureza sexual ou dinheiro em quase todas as séries que promovemos. Por isso é que fazemos uma série toda sobre a vida em família, na primavera de cada ano. Essas são três questões que consomem o tempo e a atenção do homem e da mulher modernos. Felizmente as Escrituras têm muito a dizer a esse respeito.

Quando há o compromisso de pregar para a transformação de vidas, o preparo não estará completo até que tenha respondido a duas perguntas muito importantes: *E daí? E agora?*[6] Nossa

---

[6] Howard Hendricks nos ensinou a perguntar: *E daí?* Rick Warren é a primeira pessoa que ouvi empregando a pergunta: *E agora?*

pregação não fará diferença se o povo não entender qual a diferença que deverá fazer. Nossos ouvintes não farão muito com o que ensinamos até que lhes digamos o que devem fazer.

Quanto ao primeiro alvo que tratamos, o professor se sentirá bem-sucedido se conseguir cobrir toda a matéria. Um pregador ou mestre que assuma o segundo alvo se sentirá bem-sucedido se os ouvintes estiverem engajados, envolvidos. Mas, se você quiser pregar, visando à transformação de vidas, não ficará satisfeito até que o comportamento de seus ouvintes esteja transformado, e você estará disposto a fazer quase tudo para ver isso acontecer.

No fim do dia, minha vontade é que as pessoas da minha congregação confiem em Deus em cada área da vida: família, finanças, carreira, relacionamentos, tudo. Essa espécie de confiança é desenvolvida quando agimos consoante o que sabemos. Atos de obediência permitem que a fé interaja com a fidelidade de Deus. É nesse cruzamento que vemos a operação de Deus. Quando vemos Deus operando, nossa fé só tem a crescer.

DEPOIS DE DIZER E FAZER TUDO

E, então, qual é seu alvo? Como você define sucesso? O que é mais importante: o desempenho no sermão de domingo ou a ação do seu povo na segunda-feira? Se for o segundo, *a sua abordagem da comunicação sustenta aquilo que você está tentando realizar?* Ou compete com isso?

Talvez você não aceite a minha abordagem. Tudo bem. Mas oro para que aceite o alvo. Temos muitos ouvintes. A igreja tem ocupado o papel de ouvinte há muitas gerações. Precisamos de ouvintes que sejam praticantes: pessoas que aplicam a Palavra à vida. Isso significa que temos necessidade de sermões plenos de aplicações, pregação comunicada com inspiração. Terá você o alvo de conduzir as pessoas a serem praticantes, e não apenas ouvintes, da Palavra? Está disposto a fazer o que for necessário para levá-las a esse ponto, não obstante as mudanças que tenham de ser feitas?

Há algum tempo, conversava com um de nossos pregadores, pouco antes de ele subir à plataforma para pregar. A julgar pela linguagem corporal, ele estava preocupadíssimo com guardar tudo certo na cabeça. Queria desempenhar bem, fazer um bom trabalho... Para mim, isso é sempre um alerta para prestar atenção. Ele estava prestes a fazer o que todo pregador já fez tantas vezes: subir ao púlpito, consumido pela preocupação com o desempenho. Chamando-o à parte, dei-lhe uma versão daquilo que digo a mim mesmo quando me percebo mais preocupado com o que poderei esquecer do que com os ouvintes. Disse:

— Como você comunicaria essa mensagem se seu filho de 18 anos tivesse resolvido abandonar tudo que lhe foi ensinado, moral, ética e teologicamente, sem que houvesse razão convincente, tal como estar errado? O que você diria, hoje, se soubesse que é isso que está em jogo com a congregação? Para o filho de alguém, ali, esta poderá ser a última oportunidade. Agora, pare de se preocupar com o esboço. Vá em frente e exponha sua causa como se estivesse em jogo todo o futuro de seu próprio filho.

Foi o que ele fez.

Então, qual é seu alvo? O que você busca atingir quando prega ou ensina? O que quer ganhar com isso? Gente mais sabida? Pessoas transformadas? Pessoas com maior confiança em Deus? Tais perguntas são muito importantes. A forma de abordar a comunicação jamais será melhor do que o alvo. Se, para você, no fim das contas, vitória significar histórias de vidas transformadas, talvez possamos ajudá-lo a desenvolver uma abordagem adequada ao alvo. Se estiver satisfeito simplesmente com ensinar a Bíblia às pessoas, ou até mesmo se comunicar com pessoas sobre a Bíblia, e não conduzir pessoas à Bíblia, não sei se você está com o livro certo em suas mãos. Mas, agora que chegou até aqui, vale a pena continuar a leitura.

PARE, OLHE, VIVA

- Nossa abordagem à comunicação deverá ser moldada pelo alvo da comunicação.
- Nosso alvo deverá ser a transformação de vidas. Especificamente, ensinar às pessoas como viver uma vida que reflita os valores, os princípios e as verdades da Bíblia.
- Em termos do compromisso de pregar para a transformação de vidas, o preparo não estará completo até que duas perguntas importantes tenham sido respondidas: *E daí? E agora?*

12

ESCOLHER UM PONTO

O que você está tentando dizer?

Se compararmos o discurso público à ação de conduzir as pessoas numa jornada, seguirá que o comunicador deverá *tentar* apanhar todos na mesma estação e entregá-los no mesmo destino. Nossa abordagem, neste livro, presume que o comunicador tenha um destino em mente. Uma ideia única que queira comunicar; algo específico a realizar. Uma vez que o ponto, a ideia, o destino, esteja claro, o alvo será fazer convergir todos os aspectos da mensagem nessa direção.

Toda viagem começa e termina em algum lugar. O mesmo poderá ser dito sobre toda pregação. Uma boa jornada é planejada tendo em mente um fim específico. O mesmo *deveria* ser dito quanto ao sermão. Infelizmente a maioria de nós foi criada ouvindo sermões elaborados em torno de diversos pontos, e não com um destino claro. Para piorar as coisas, muitos de nós foram treinados para pregar segundo esse modelo. Você sabe do que estou falando. Coisa mais ou menos assim:

Deus quer que um homem...
   I. Ame a esposa.

II. Assuma a liderança em relação à esposa.

III. Aprenda com a esposa.

... e nunca, jamais...

IV. Abandone a esposa.

Um problema com esse método é que, quando chegamos ao último ponto, ninguém mais se lembra dos primeiros três. Qualquer que tenha sido o impacto de um ponto, ficará sob a sombra das informações e ilustrações que o seguiram. Num dia em que o pregador se sai melhor, o último ponto geralmente é o que "cola". Isto é, se declarado de maneira inesquecível.

Outro problema é que a pregação de muitos pontos não reflete o mundo em que vivemos. Não experimentamos a vida como uma série de pontos. Vivemos percepções, emoções. Respondemos àquilo que vemos, provamos, sentimos. Não existe uma motivação natural para lembrar uma lista de muitos pontos. Não são muito úteis. Até mesmo o pregador que adianta seus muitos pontos sabe disso, daí sua necessidade de consultar as anotações. Não teve tempo para memorizar seus próprios pontos. Que ironia! Pontos fluem de nossos esboços para as anotações dos ouvintes, se é que trouxeram caderno de notas. Na maioria das vezes, pontos *alusivos, atraentes e aliterados* ficam no ar, vão das nossas notas para nossos lábios, e retornam aos nossos fichários. Poderão parecer sem propósito.

Pontos são usados para marcar o caminho para as pessoas de modo sistemático. Por isso, o esboço. Se esse for o alvo, continue apresentando seus pontos. Coisas boas talvez resultem. Mas, se o seu alvo for a transformação de vidas, a pregação ponto a ponto não será o método mais efetivo.

Ora, se você é um pregador "ponto a ponto", poderá ser que tenha se ofendido com a última declaração. E isso implicará que sua pregação "ponto a ponto", talvez, não tenha resultado em transformação de vidas. É bem possível que você consiga apontar pessoas em sua congregação cuja vida tenha sido impactada por sua pregação. Daí, quem sou eu para descartar de todo o seu método de abordagem, existindo evidências contrárias?

Repito. Se mudança de vidas for o seu *alvo*, a pregação ponto a ponto não será a abordagem *mais* efetiva. Estou apenas defendendo que existe um caminho melhor. Não é que a pregação com uma sequência de pontos seja completamente inválida. Fui criado num mundo de pregação ponto a ponto. Meu pai é o rei dos pregadores ponto a ponto. Ao longo dos anos, centenas de milhares de pessoas concordarão que sua vida foi transformada como resultado da pregação dele. Mas tenho, aqui, uma observação a fazer: não foram os pontos que resultaram em transformação de vidas. A paixão e o chamado específico para a ação com os quais ele termina suas mensagens foram os motivadores para as pessoas passarem a viver de modo diferente, entregando sua vida integralmente. Aposto que ocorre o mesmo quanto à sua pregação. Aposto que, na semana passada, você escolheu entre os dois ou três pontos de sua mensagem o mais forte para culminar a pregação, aquele que inspiraria pessoas à mudança. Nas páginas seguintes, quero ensinar como construir a totalidade da mensagem em torno de um único ponto.

QUAL É O PONTO?

Quando me refiro a um único ponto, estou falado de uma de três coisas: uma aplicação, um *insight* ou um princípio. Com isso, toda mensagem terá uma ideia central, aplicação, entendimento ou princípio, aglutinando todas as partes. Em grau maior, deverá ocorrer o mesmo com todas as mensagens em série.

Uma ilustração esclarece. Eu acabara de completar uma série sobre as três tentações de Jesus que chamei de *Pausa*. O ponto da série foi: *A tentação é sempre uma prova de sua fé, não apenas de seu autocontrole.* Durante a série, voltei sempre a essa ideia central. Mas as mensagens da série tinham sido planejadas para destacar também pontos específicos, como os seguintes:

- A tentação poderá roubar seu futuro, sua família e sua fé.
- Pare antes de procurar satisfazer suas necessidades físicas de maneira irresponsável.
- Coopere com Deus e não o tente manipular.
- Jamais troque aquilo que é imediato por aquilo que é importante.

A ideia central da série, e o ponto da primeira mensagem, foi sempre um *insight*, uma clarificação. Os pontos para as duas mensagens seguintes foram imperativos ou aplicações. Aí também o ponto-chave tomou uma de diversas formas, mas sempre houve um ponto, um destino, um ponto final.

DUAS COISAS

A chave desse tipo de aproximação é a recusa a estar diante de um auditório antes de responder a duas perguntas:

- Qual é a coisa singular que quero que meus ouvintes saibam?
- O que quero que façam a respeito dela?

São perguntas frustrantes. Muitas vezes, tenho me afastado do computador, achando que acabei de me preparar, quando me dou conta de três páginas de esboços, mas sem respostas a tais perguntas prementes.

Você poderá argumentar:

— Espere aí! E se eu tiver duas coisas que quero que saibam?

Responderei que isso é ótimo, pois agora você terá uma série de duas partes. Falando sério, escolha uma e enfoque *o* assunto.

Encaremos: o pregador comum nem sequer estará tentando limitar a fala a duas coisas. Geralmente recebo retorno de impressões deste tipo: "E se eu tiver *várias coisas* que quero que saibam?". Ora, guarde-as.

Existem muitos domingos. Sem dúvida, você já ouviu mensagens que poderiam ter sido séries inteiras. O esboço delineado no começo do capítulo é um bom exemplo. Um dos pregadores que mais aprecio contou que, diversas vezes, após *uma* mensagem, ouve sua esposa:

— Realmente gostei dos seus *sermões*.

No caso de nossa abordagem, escolhemos uma ideia, um princípio, uma aplicação ou um entendimento, e construímos em torno dele. Num sermão, certamente você dirá uma dezena ou mais de coisas úteis, com potencial para transformar vidas. Todos nós já tivemos experiência com alguém que chega e comenta sobre quão importante foi, para ele, uma coisa que dissemos, de que nem lembrávamos de ter falado. Não podemos controlar como e onde a informação aportará em nosso auditório.

A DESCOBERTA

Nos parágrafos seguintes, quero expor tudo que sei a respeito de como encontrar, desenvolver e construir em torno de um único ponto. Se você prega ou ensina há muito tempo, acho que o desafio não será o de *encontrar* o ponto, mas, sim, *eliminar* os demais. Até que tenha terminado de preparar a mensagem, geralmente você saberá onde está a força da mensagem, o momento de exclamar: *É isso mesmo!* Quando terminar de preparar, saberá qual é a parte da mensagem que mais o empolga. Saberá, portanto, *como* encontrar o ponto-chave. Agora, será preciso focalizar a construção de todos os elementos da mensagem em torno desse ponto.

Se a sua reação for: "Às vezes, no jogo do preparo do sermão, não sei qual é o ponto", então, você deverá estar no trilho certo. Quase nunca sei qual é senão próximo ao fim do jogo. Quando finalmente o encontro, tenho de voltar para limpar todo o entulho deixado, para que seja *o* ponto, e não apenas *um dos* pontos. Reorganizo tudo à volta dele em vez de deixar que fique perdido no esboço, rodeado de muitas outras ideias que poderão ser boas, mas para outra hora. Tenho experimentado muitos sábados em que entro na cozinha e digo a Sandra: "Não tenho nenhum ponto. Quatro páginas de esboço e nada de ponto!". Felizmente é uma exceção à regra.

O processo de desenvolver a mensagem de um só ponto poderá ser visto assim:

1. Cave até encontrá-lo.
2. Construa tudo em torno dele.
3. Faça que o ponto "cole".

O capítulo 13 trata desse segundo passo, e, portanto, aqui, faremos apenas uma breve menção.

1. *Cave até encontrar o ponto*

A razão de o fator único geralmente chegar tarde é que o preparo de sermões é um processo de descoberta. O preparo inclui descobrir o que o texto diz e o que ele não diz, aquilo que gostaríamos que dissesse, aquilo que não esperávamos que o texto dissesse. Ao mesmo tempo, o preparo da mensagem envolve submeter o texto ao escrutínio da experiência. Fazer

ESCOLHER UM PONTO

uma ponte entre o abismo cultural do século I e do século XXI nem sempre será fácil... mas será sempre necessário, se quisermos comunicar visando à transformação, e não apenas uma transferência de informações.

Se tivermos como alvo ensinar as pessoas a viverem uma vida que reflita os valores e os princípios das Escrituras, então esta *uma* coisa deverá ter origem no texto. Contudo, será possível desenvolver todo um esboço de sermão que reflita acertadamente o ensino do texto e, ainda assim, não obter uma única e forte ideia unificadora. Muitos pregadores limitam-se a simplesmente "pregar a Palavra" sem reservar um tempo para destilar aquilo que mais precisa ser destacado na Palavra. Voltaremos a esse assunto daqui a pouco.

Em raras ocasiões, reconheço o ponto antes de começar de fato o meu preparo. Às vezes, ele surge da vida, e não do texto. Às vezes, esbarro numa ideia, num princípio ou numa aplicação, no decurso da vida, e vou em busca de onde a Bíblia trata do assunto. Tal abordagem é muito desprezada em bons seminários, e entendo por quê. Temos de cuidar para não forçar nossas ideias e observações às Escrituras. Nunca se sabe quando e onde surgirá algo realmente verdadeiro que possa ser utilizado. Muitas vezes, uma pessoa do meu grupo de estudos nos lares compartilha uma ideia ou um entendimento que poderá servir para organizar uma mensagem. Imagino que você tenha experimentado o mesmo. Uma vez que *insights* poderão surgir da vida, e que a Bíblia trata dos princípios, temos de estudar ambos.

Quando surge uma ideia que julgo servir de força motriz para uma mensagem, ou para uma série de mensagens, faço perguntas como estas:

- O que a Bíblia diz a esse respeito?
- Se a Bíblia nada diz a respeito, por que não?

- Quem, nas Escrituras, enfrentou situação que o forçasse a interagir com esse tipo de assunto ou ideia?
- Como procedeu? O que não fez, e o que era esperado?
- Jesus tratou do assunto direta ou indiretamente?

Nessa altura, procuro tirar minhas mãos da direção e deixar que o texto me dirija em vez de tentar dirigir o texto. Uma vez que tenha descoberto o texto ou a narrativa que trata da *ideia principal*, deixe que a Bíblia fale. Mesmo que o texto contradiga tal ideia ou pressuposto, ouça o texto. Nessa tensão é que você encontrará algumas de suas maiores descobertas. Quando iniciamos "de cabeça feita", sem querer resistimos à influência do Espírito Santo. Corremos o risco de usar mal o texto.

O sermão mais difícil que já preguei foi sobre o tema do divórcio e novo casamento. Não gosto do que Jesus disse sobre novo casamento. Superficialmente, parece condenar a vítima, limitando suas opções para seguir em frente. Sempre tentava pular a parte citada de Jesus e mergulhar diretamente no apóstolo Paulo e sua abordagem mais "amigável para o usuário". Mas decidi limitar a mensagem àquilo que Jesus disse sobre o assunto.[1] Nada de fugir da raia. Nada de tentar "encaixá-lo" em outras partes do Novo Testamento. O *ponto* da mensagem era: *Não podemos desunir o que Deus uniu.*

Ideia popular.

Falei aos ouvintes como me sentia desconfortável com o assunto, especialmente com as ideias de Jesus. Mas o Senhor disse o que disse por uma razão. No término do meu ponto único, apanhei duas jarras de água, uma com tinta vermelha, outra com tinta verde, e despejei-as em outra jarra de vidro,

---

[1] Quero reafirmar que não vejo nenhuma contradição entre o ensino de Jesus e o de Paulo sobre este assunto.

vazia. Tanto o texto quanto a ilustração deixaram o ponto único indubitável e, em alguns casos, dolorosamente claro. Daria para ouvir se um alfinete caísse.

Quando fizermos uma descoberta desconcertante no texto (e existem muitas), o melhor será perguntar: Por que um Deus que afirma nos amar e que demonstrou tal amor, diria uma coisa dessas? Sempre que reservo um tempo e me esforço para encontrar uma resposta, aprendo algo novo. A mensagem acabou sendo de grande encorajamento para os casais divorciados ou para os que experimentavam um novo casamento. Como? Cada vez que ajudamos a descobrir onde se encontram, e onde não estão, as pessoas têm um entendimento mais claro de como chegar onde precisam estar.

Meu ponto? Deixe o texto falar por si mesmo. Quando você concorda com as suas ideias preconcebidas, se estiverem corretas, ótimo. Quando não, cave e aprenda alguma coisa mais. Continue cavando até descobrir a verdade.

Uma vez a cada trimestre, temos um evento a que chamamos "A vida viva de casados". O propósito do evento é enfatizar aos casais *um* de seis pontos essenciais do casamento. Os seis pontos essenciais são o que cremos ser o mínimo, irredutível, para um bom casamento. Enfocamos um desses a cada trimestre, até cobrirmos os seis, e, então, começamos de novo. Mas, ao dar novo início, mudamos a apresentação. No decurso dos anos, os casais ouvirão diversas apresentações diferentes sobre cada um desses seis pontos imprescindíveis.

Um deles é: "Nutrir o romance". Uns dois anos atrás, o diretor do departamento de casais pediu que Lane Jones, coautor deste livro, fizesse a apresentação central sobre um ponto, no evento para casais. É óbvio que existe muito a ser dito sobre "nutrir o romance" no casamento. Mas Lane tinha de escolher um único ponto.

Fazendo a sua palestra sobre uma coisa, em vez de uma lista de coisas, para alimentar o romance, Lane descobriu um *insight* simples e profundo que serviu de ideia-chave da noite. Toda a palestra estava centrada nesta ideia: *Você é a única fonte legítima de romance na vida do seu cônjuge*. Em vez de focalizar a atenção em como obter alguma coisa do cônjuge, ele enfatizou o papel singular e único do cônjuge. Algo simples e profundo. De onde veio a ideia? Uma combinação de estudo bíblico, discussão, observação e compromisso pujante de procurar até descobrir *o ensinamento e o entendimento* sobre o qual construir a mensagem. Uma vez que tenha tal compromisso, e esteja resolvido a não parar de cavar até encontrar *o* ponto-chave, você ficará maravilhado com os tesouros descobertos. Certamente teria sido mais fácil, para Lane, fornecer ao povo uma lista de coisas para fazer. Mas as listas ficariam no papel. Ideias singulares, poderosas, têm jeito único de penetrar o coração.

2. *Construa tudo em torno do ponto*

Conforme mencionei antes, uma vez que você tenha descoberto aquele *ponto único*, o passo seguinte será voltar e orientar a mensagem toda em torno dele. Lembre-se de que estamos levando as pessoas numa viagem. Uma vez que tenhamos identificado o destino, deveremos deixar o caminho direta e claramente preparado para nossos ouvintes. Isso significa que deveremos cortar as coisas que não sejam pertinentes ao assunto. Você sabe do que estou falando. De "encher linguiça". As coisas de que você precisou nos estágios preparativos, mas que não precisam aparecer na apresentação do sermão. A história extra que você gosta de contar. A piada que sempre conquista risadas da plateia. O esclarecimento que, você tem certeza, se originou com você. Aquela nuança da língua original que impressiona pelo academicismo. Uma vez que tenha cavado o texto e desenterrado a ideia, a terra adjacente, a derivação e o entulho terão de ser eliminados. Pergunte a si mesmo: *Isso realmente facilita a jornada ou é apenas uma desnecessária ondulação transversal na estrada para provocar risos ou preencher o tempo?*

Poderá ser um processo frustrante. Certamente, se gastar três ou quatro horas num texto para depurar quatro ou cinco pepitas preciosas, você sentirá que deveria compartilhar todas de uma vez! Que desperdício deixar tanta preciosidade no assoalho da sala de lapidação. Mas é exatamente isso que você tem de se disciplinar a fazer. Cortar aquilo que é periférico ao ponto central. Será como estreitar um canal de água. Acabamos ficando com uma mensagem muito mais poderosa e enfocada, que as pessoas são capazes de seguir após seus passos, enquanto pregamos. E todas aquelas coisas superficiais ao ponto, mas ricas e importantes? Guarde-as para outra ocasião. Toda semana, tem um domingo.

Costumo reunir nossa equipe de comunicadores umas duas ou três vezes, antes de eles entregarem um sermão de domingo. A parte mais dolorosa da reunião é aquela em que digo a um dos pregadores: "Esta é sua ideia principal; trabalhe mais e reorganize tudo em torno dela". Dolorosa, porque exige cortar algumas coisas boas que deram trabalho para elaborar. Além disso, todos achavam que já tinham acabado de preparar o sermão, que estava pronto para ser entregue. Mas, se não reservarmos um tempo para garantir que organizamos a mensagem em torno de um único assunto, o ponto essencial se perderá entre os periféricos.

Trataremos mais sobre isso em outro capítulo.

3. Faça que o ponto "pegue"

Uma vez descoberto o seu ponto e reestruturada a mensagem em torno dele, o passo seguinte será elaborar uma declaração ou frase singular, como declaração aglutinadora. Faça seu ponto "colar". Tem de ser algo inteligentemente memoriável.

Isso ajudará o pregador e os ouvintes. Se for curta e original, será mais fácil mesclá-la na mensagem. Sendo bem elaborada, ficará claro aos ouvintes que este é o seu ponto-chave.

Em geral, as pessoas não são impactadas por períodos longos. Ninguém se lembra de um parágrafo extenso. As pessoas são impactadas por declarações que apreendem de vez. Você precisará de uma declaração "com grude". Não precisa ser brilhante ou engraçada. Não precisará rimar. Mas terá de ser breve e memoriável. Sua declaração é uma âncora. É o que mantém a mensagem aglutinada e evita os desvios do assunto. Será aquilo que permanecerá depois da mensagem.

A seguir, temos alguns exemplos:

- Os seus amigos motivam a direção e a qualidade de sua vida.
- A pureza asfalta a estrada para a intimidade.
- Quando vir como Deus vê, você agirá como Deus age.
- Submissão é um convite à liderança.
- Todo mundo vive eternamente, em algum lugar.
- Aceitação é combustível para a influência.
- Não são pessoas boas que vão para o céu, mas pessoas perdoadas.
- Deus se responsabiliza totalmente pela vida que lhe é totalmente dedicada.
- Seja cooperador, não manipulador
- Para entender a razão, submissão e aplicação.
- Os outros primeiro.
- A liberdade máxima encontra-se sob a autoridade de Deus.

ESCOLHER UM PONTO

O ponto-chave poderá ser uma declaração tirada diretamente das Escrituras. Quando falo a estudantes sobre amigos, o *ponto único* é a primeira metade de Provérbios 13.20: "Aquele que anda com os sábios será cada vez mais sábio". Desenvolvi uma mensagem sobre pureza, em 1Coríntios 6.18. Meu ponto foi de uma só palavra: "Fujam"!

Às vezes, o ponto-chave será uma pergunta. Fizemos uma série de sermões sobre a vida de José. Durante toda a série, perguntei: *o que faria se estivesse absolutamente certo de que Deus estivesse com você?* Voltei a essa pergunta a cada passo da narrativa.

Pregando em João 6, meu ponto foi uma pergunta do texto: "Senhor, para quem iremos?".[2] Jamais me esquecerei de uma carta que recebi, bem mais tarde, de uma estudante de primeiro ano de faculdade. Era a primeira semana de aula e, no quarto da república, disse ela, todos pareciam estar loucos. Havia se achado perguntando se deveria deixar o cristianismo de lado, por um tempo, e simplesmente divertir-se com a turma. Em suas palavras: "Estava, ali, sentada, quando me veio à cabeça a pergunta: Para quem irei? Para quem, senão para Cristo?". Naquela noite, ela reafirmou a sua escolha de seguir Cristo, ali mesmo, na universidade. No fim do primeiro ano, ela tinha se estabelecido como líder entre as colegas. Começou um estudo bíblico. Durante o curso, conduziu diversas pessoas à fé em Jesus Cristo. Ela apontou aquela pregação como momento definidor. Não eram minhas as palavras. Mas tantas vezes ela ouviu a pergunta, durante a mensagem, que se apropriou dela, ficou gravada no coração. E o Espírito Santo trouxe-a à memória num momento crítico.

Criar uma declaração que fixe no coração é um passo que a grande maioria dos pregadores omite completamente. Eu

---

[2] João 6.68.

entendo. Quando chego a esse ponto do processo, já estou cansado. Certamente, em trinta ou quarenta minutos de pregação, as pessoas são bastante inteligentes para saber do que se trata. É possível. Mas logo que vão para o carro começam a esquecer. Não bastará dizer uma única vez. Será necessário repetir e repetir de maneira que a frase seja apreendida pelos ouvintes. Isto é, a menos que seu objetivo seja apenas uma transferência de informações. Se você estiver apenas ensinando sobre a Bíblia, ou mesmo ensinando às pessoas a Bíblia, não será necessária uma declaração bem elaborada, inesquecível. Apenas dê a matéria e deixe por isso.

Estou convencido de que esse passo único faz toda a diferença. Mas sei também por que a maioria dos pregadores não dá esse passo. Não é necessário para manter as pessoas acordadas ou interessadas. No entanto, se estiver preocupado com o que acontece, uma vez que elas deixem o templo, será melhor que faça a ideia "grudar".

CARREGADOR DE FARDO

Até aqui, nossa discussão foi um tanto acadêmica. Obtenha um ponto. Faça-o inesquecível. Mas existe outro aspecto da pregação e do ensino de um único ponto que não é nada acadêmico. Na verdade, a dimensão da mensagem de um só ponto é o que me impele a continuar buscando o único entre muitos. Meu pai tinha um nome para isso. É o "fardo" do pregador.

Meu pai e eu nos reunimos para o café da manhã na primeira quinta-feira de cada mês. É algo que aguardo com alegria. A discussão acaba sempre em torno de assuntos da igreja. Numa manhã, acabamos falando sobre pregação. Ora, se você já ouviu meu pai pregar, saberá que ele é mestre dos muitos pontos. Por que três pontos quando posso fornecer oito? Ou mesmo 12? Ele prega desse jeito há muitos anos. Pessoas que gostam de fazer anotações adoram ouvi-lo. Na verdade, muitas pessoas amam ouvi-lo. Estava falando sem parar sobre a ideia de construir a mensagem em torno de um único ponto quando ele me interrompeu:

— Você tem de ter um fardo. É o que falta à maioria dos pregadores. Um peso. Se não tiverem um fardo, a pregação deles será apenas um monte de penugem.

Continuamos a conversa, e ficou claro que, quando se referia ao peso do pregador, estava se referindo ao *único ponto*. *Uma coisa*. Era a mensagem, a ideia, o princípio, a verdade que tinha de ser entregue a todo custo. Essa única coisa não é apenas informação. Não é apenas uma frase bem elaborada. É, literalmente, um fardo, um peso. É tão pesado no coração do pregador que tem de ser entregue. Ele estava certo. Você sabe quando é que um comunicador carrega um fardo, em contraposição àquele que simplesmente entrega informações.

Em algum ponto do processo de preparação, você terá de parar e perguntar: "Qual é a única coisa que tenho de comunicar? O que é que as pessoas têm de saber?". Se não tiver resposta para essas perguntas, você não está pronto para falar. Pense nisso. Se, depois de todo o preparo, você ainda não consegue responder a essas perguntas, qual será a razão para pregar? Se VOCÊ mesmo não soube o que exatamente quer comunicar, é certo que a plateia também não vai saber por você.

Existe algo que o empolga de tal maneira que você mal consegue esperar até chegar a essa parte da mensagem? Se não houver, você ainda não estará pronto. Não tem peso. Poderá ter páginas de informações, que poderão ser verdadeiras, mas, se são tiver algo de que as pessoas necessitem tanto que você seja compelido a compartilhar, ainda terá trabalho a ser feito.

Os sermões que muitas vezes embalaram seu sono foram entregues por pessoas que tinham informações, mas que não tinham peso. Peso produz paixão. Transforma teologia morta em verdade compelativa. Quando falo com estudantes e adolescentes sobre pureza, a mensagem é simples: pureza abre caminho para a intimidade. Este é mais do que um princípio. É mais do que frase benfeita. É fardo que eu carrego para os jovens. É algo de que precisam saber.

Reduzir a mensagem a uma única ideia permite que criemos uma palestra toda em volta daquilo que mais desejamos comunicar. Torna muito mais fácil a memorização, a apreensão da mensagem. Por quê? Porque o alvo será entregar aquele único ponto. Enquanto estivermos fazendo sentido, levando em direção ao destino que queremos, não importará, realmente, o que deixemos fora do caminho. O que realmente importará será o fato de que estaremos levando os ouvintes na jornada.

MAS O QUE DIZER QUANTO A...

De vez em quando, alguém pergunta:

— Mas não é obra do Espírito Santo levar as Escrituras ao coração e à mente dos ouvintes, conforme lhe apraz? Se for assim, quem somos nós para limitar o escopo da mensagem a uma coisa só?

Concordo. É obra do Espírito Santo tomar a palavra falada e persuadir, convencer e transformar o ouvinte. Não temos controle sobre qual parte, daquilo que dizemos, o Espírito escolherá usar. Além disso, o Espírito Santo toma diferentes ideias, ilustrações e entendimentos de uma mesma mensagem e os aplica de diferentes maneiras a pessoas diferentes. É como o vento. Não podemos colocar rédeas no Espírito Santo. Ele fará o que for do seu agrado.

No entanto, se tivermos de deixar que tal verdade simplesmente esteja em nossa apresentação, por que elaborar uma mensagem? Por que, simplesmente, não nos levantarmos diante do público e começar a falar, salpicando versículos e confiando em que o Espírito Santo faça tudo? Na verdade, já ouvi pessoas que me deixaram com a impressão de que era isso mesmo que estavam fazendo. Foi até interessante, mas não foi de ajuda para ninguém.

Se quiser usar uma estrutura organizada, de um, três, quatro pontos, se quiser contar uma história ou dar um testemunho, você já terá decidido limitar a extensão daquilo que planeja dizer. Uma vez que tiver escolhido um texto (ou dois), já terá limitado o escopo da mensagem. Só estou dizendo para escolher um e ficar com ele.

Será mais fácil para as pessoas seguir uma mensagem construída em torno de uma única ideia. Aquilo que é fácil de seguir traduz-se em algo agradável para experimentar. Se os ouvintes tiverem prazer na experiência da comunicação, é provável que voltem para obter mais. Se continuarem a voltar, os ouvintes estarão expostos a mais verdade, dando ao Espírito Santo maior oportunidade de lhes falar. Poderíamos argumentar que uma mensagem de um ponto contribuirá mais para a obra do Espírito Santo.

Temos de encarar: a razão por que tantas igrejas estão meio vazias aos domingos é que um grande grupo de pessoas decidiu não vir. Por quê? O pregador não lhes deu razão para voltar. Há sempre muitos pontos, mas nenhum que motive a volta para ouvir mais no domingo seguinte.

No capítulo seguinte, apresentarei uma nova espécie de técnica de esboço, projetada para manter em perspectiva um ponto único durante toda a mensagem. Sinceramente, o capítulo seguinte não será muito útil, a não ser que você esteja disposto a *escolher um ponto*. Sei que, para muitos, isso vai contra a maré de tudo que aprenderam e viram modelado. Você fica se perguntando: "O que será que vou falar nos próximos vinte ou trinta minutos?". Sei também que, se experimentar isso, você decidirá, de uma vez por todas, que o seu alvo não será mais o de preencher o tempo determinado para o sermão, e sim pregar visando obter vidas transformadas. Tal abordagem poderá ser sua libertação como pregador. Agora vá e escolha seu ponto.

PARE, OLHE, VIVA

- Numa mensagem de um só ponto, será essencial que o pregador saiba a resposta para duas perguntas: Qual é a única coisa que quero que meus ouvintes saibam? O que quero que eles façam a respeito disso?
- Para a maioria dos comunicadores, o maior desafio não será encontrar uma ideia, e sim eliminar as restantes.
- O processo para o desenvolvimento de uma mensagem de um só ponto implica os seguintes passos:

  1. Cave até encontrá-lo.
  2. Construa tudo em torno dele.
  3. Faça que o ponto "cole".

13

CRIAR UM MAPA

Qual o melhor caminho até o seu ponto?

Uma vez escolhido o ponto, precisaremos de uma maneira para introduzi-lo, sustentá-lo e aplicá-lo. Agora, é chegada a hora do trabalho maçante de desenvolver o esboço. Se você já vem pregando há algum tempo, certamente terá um estilo ou um formato adequado ao seu estilo. Tenho amigos que escrevem o sermão à mão. Conheço um que traça mapas mentais. Disse-me, certa vez, um conhecido e respeitado pregador que pregava tudo de cabeça. Sem nenhum esboço escrito. Cada um tem o próprio método.

Ainda que não exista uma única maneira "certa" de fazer o esboço da mensagem, tenho descoberto um método que se prova extremamente efetivo para organizar o material em torno de um único ponto. Tal tipo de esboço, em vez de se basear no conteúdo, baseia-se no relacionamento do comunicador com os ouvintes. Afinal, o modo de organizar o material no papel é muito diferente do modo de processar a informação numa conversa. (Experimente fazer um esboço de uma conversa com sua esposa!) Por essa razão, meu método permite que a mensagem mantenha a qualidade de conversa pessoal.

Como já vimos, é um esboço que gira em torno de cinco palavras, cada qual representando uma seção da mensagem. São elas:

EU, NÓS, DEUS, VOCÊS, NÓS

Nesta abordagem, o comunicador apresenta uma situação ou um problema que ele mesmo tenha enfrentado ou esteja enfrentando (EU). Depois, encontra o terreno comum com a experiência das pessoas que o ouvem (NÓS). Faz, então, uma transição para o texto, a fim de descobrir o que Deus diz a respeito da questão ou do ponto de tensão apresentado (DEUS). Daí, o comunicador desafia os ouvintes a agirem em conformidade com a palavra ouvida (VOCÊS). Finalmente, conclui com diversas declarações antecipatórias das consequências da obediência, na comunidade, na igreja ou no mundo, se todos assumirem tal verdade específica (NÓS).

Cada um dos cinco elementos relacionais tem papel específico e importante na facilitação da jornada de comunicação. O *EU* conduz os ouvintes ao assunto. Responde à pergunta: Sobre o que ele está falando? O *NÓS* assegura aos ouvintes que o assunto lhes é relevante. Permite que o comunicador se identifique com os ouvintes. A seção *DEUS* é esclarecedora. Nesse passo, trazemos uma nova perspectiva, nova luz, sobre uma tensão específica. A seção *VOCÊS* é simplesmente uma aplicação. *NÓS* marca a parte da motivação.

EU	NÓS	DEUS	VOCÊS	NÓS
Orientação	Identificação	Iluminação	Aplicação	Inspiração

Aqui, cabe um exemplo. Imaginemos que seu tema seja casamento. Dezenas de coisas poderiam ser ditas sobre o matrimônio, mas você se limita a um ponto. Por exemplo: *A melhor decisão é a submissão*. A ideia, aqui, é que nossa primeira resposta terá de pôr as necessidades e os desejos do cônjuge acima de nossos próprios desejos e necessidades. Com isso em mente, eis como pareceria o esboço ENDVN.

INTRODUÇÃO

EU — Às vezes, descubro-me indagando como reagir a determinadas situações em meu casamento.

NÓS — Imagino que você também já tenha experimentado situações em que não sabia ao certo o que fazer.

DEUS — A Bíblia ensina que devemos nos submeter uns aos outros; pôr as necessidades do cônjuge acima dos nossos próprios desejos e necessidades.

VOCÊS — Na próxima vez em que você não tiver certeza do que dizer ou fazer, pergunte a si mesmo: Como poderei pôr as necessidades e os desejos do meu cônjuge acima dos meus próprios desejos nessa situação?

Conclusão: no casamento, a submissão geralmente é a melhor escolha.

NÓS — Imagine o que aconteceria em nossa comunidade se todos nós começássemos a modelar essa espécie de submissão mútua diante dos nossos amigos e vizinhos.

EU

Começando com uma declaração ou uma história que envolva minha própria experiência, apresento tanto a mim mesmo como o assunto em pauta. A primeira subdivisão, *EU*, não é, na verdade, uma exposição pessoal, mas, sim, o estabelecimento de um terreno comum às subdivisões *EU* e *ELES*. A essência de todo relacionamento é esse terreno comum. É terreno comum essencial para o relacionamento do comunicador com seus ouvintes. A plateia tem de acreditar no mensageiro antes de acreditar na mensagem. Você sabe, por experiência própria, que, quando alguma coisa o desconcerta quanto a um pregador, será difícil manter a atenção no conteúdo da mensagem. Sobretudo se o comunicador não parecer autêntico. Falta de autenticidade torna difícil a obtenção de confiança. Será até possível que aquele que ouve resista e se oponha ao conteúdo.

Coisas que as pessoas da plateia percebem com tanta facilidade são difíceis de serem percebidas por quem está na plataforma. Na maioria das vezes, ninguém é propositadamente arrogante, insincero ou astuto. Mas é comum que seja passada a impressão de orgulho. O comunicador nem sequer percebe o que está acontecendo. Cinco minutos de pregação, e já perdeu os seus ouvintes. Às vezes, nem eles sabem por quê. Sentem que há algo errado, mas, não identificando o erro, apenas desligam a atenção.

Recentemente recebi informação sobre reação negativa depois de uma palestra proferida em uma conferência de especialistas do trabalho com a juventude. Fiquei realmente surpreso com a reação. Eu já havia apresentado a mesma palestra em diversas ocasiões, tendo recebido muitos comentários positivos. Fiquei chocado ao ouvir que "centenas de líderes estudantis saíram do auditório no meio da palestra".

Intrigado, comuniquei-me com o patrocinador da conferência, pedindo uma cópia da palestra. Ele foi gentil em enviar, junto à cópia, alguns comentários seus. Assegurou-me que, em geral, apreciava bastante minhas mensagens sobre liderança, mas aquela em especial não foi uma das favoritas. Deu suas razões. Mais uma vez, fiquei realmente surpreso. Sabia o que eu havia dito. Não era nada diferente do que eu dissera antes, muitas vezes.

Logo que comecei a escutar o CD, percebi o que acontecera. Presumi um relacionamento que eu não tinha com aqueles ouvintes. Especificamente, no início da palestra, o microfone apagou. Nos primeiros minutos, tentei mexer nos botões do microfone, enquanto um rapaz dos bastidores veio mexer com o aparelho preso à minha cintura. Coisa desconcertante, diante de 5 mil seminaristas. Procuro ser cuidadoso para me manter dentro do tempo determinado para minha fala. Sobretudo num ambiente com programação pesada. Por isso, enquanto ele continuava mexendo no meu microfone, preocupei-me com o tempo precioso que fugia. Os peritos do som decidiram que o microfone de cabeça não funcionaria. Assim, entregaram-me um microfone de mão. A essa altura, eu já estava distraído. Cometi uma enorme gafe de comunicação; duas, na verdade. Primeiro, pulei os comentários da introdução e passei diretamente ao esboço. Grande erro.

Na introdução, eu pretendia falar sobre a tensão que enfrentei quando era estudante de seminário e trabalhava numa igreja não muito amigável com estudantes. Seria essa a minha conexão com os ouvintes. Era quase a única conexão que eu teria com esse auditório. Tenho 48 anos; a maioria dos homens e mulheres que me assistiam estava na casa dos 20 anos. Pulei a parte *EU*, e, consequentemente, foi difícil convencê-los de que havia muito sobre *NÓS*. Sem querer, fiquei na posição de palestrante opinioso, sem nenhuma simpatia para com as situações que o pastor jovem enfrentasse em sua própria igreja.

O segundo erro foi que passei correndo pela matéria toda. Quando um pregador corre com a matéria, passa uma mensagem específica: há mais preocupação com a exposição da matéria do que com a boa comunicação com os ouvintes. A mensagem emocional que transmite é: estou mais preocupado COMIGO do que com VOCÊS. No meu caso, quando ando depressa demais na pregação, tenho a tendência de exagerar em aspectos da comunicação. Acabo sendo muito dogmático. Depois de ouvir a gravação, entendi a reação do auditório. Os comentários negativos referiam-se ao conteúdo, mas, tenho certeza, o problema teria sido minha falha na conexão com os ouvintes, acrescido do tom impositivo que, inadvertidamente, juntei à minha frustração.

É bem difícil receber informações desafiadoras de alguém que parece não entender o que é ser você mesmo. Por isso, o aspecto *EU* é tão importante em qualquer palestra. Quando o aspecto é bem tratado, os ouvintes meneiam a cabeça, concordando e pensando: "Eu também". Ou no vernáculo popular: "Está mais do que certo".

Em parte, o tratamento do elemento *EU* será determinado pelos ouvintes. Sempre que estiver falando com uma nova plateia, é essencial que você comece com algo pessoal, pois ela ainda não o conhece e julgará segundo a aparência. Contudo, será prescindível se você estiver falando a um grupo que o ouve regularmente. Eles já o conhecem.

Tendo dito isso, procuro sempre uma oportunidade para inserir minhas lutas pessoais, no dia em que começo uma série de mensagens. Afinal, em determinado domingo poderá haver pessoas no auditório que não me conhecem. Pelo fato de eu ser pregador, haverá pessoas se esforçando para não gostar de mim. Por quê? Porque, se conseguirem provar algo contra mim, como pessoa, terão uma desculpa para ignorar aquilo que eu disser. Portanto, esforço-me ao máximo para expor minha humanidade e fragilidade diante dos ouvintes. Isso derruba muros. Mais ainda: se você prega expondo sua fraqueza, jamais esgotará o material.

NÓS

Tendo deixado claro aos ouvintes que eu luto com determinada questão, o passo seguinte será expandir a tensão a ponto de incluir todos os ouvintes.

- Às vezes, pergunto-me por que me esforço para orar (EU). É provável que você também já tenha indagado o mesmo (NÓS).
- Às vezes, pergunto-me por que, tantas vezes, sou vencido pelas mesmas tentações (EU). Será algo que só eu enfrento (NÓS)?
- Algumas pessoas simplesmente não me são simpáticas (EU). Será que alguém mais sente isso (NÓS)?

Nesta seção, será necessário ter tempo para aplicar a tensão às diversas áreas, despertando no auditório as emoções mais abrangentes possíveis.

Por exemplo, certo Natal tratei sobre o assunto de expectativas não realizadas que, em períodos de festas, parecem maiores do que a vida. Falei brevemente sobre a situação de frustração da minha própria família de, no Natal, não poder estar com os pais, meus e de minha esposa. Era a fase EU. Passei, então, alguns minutos cutucando as variadas dinâmicas de famílias imaginadas, esperando despertar igual emoção em quantas pessoas fosse possível.

Falei sobre famílias misturadas por causa de divórcios e novos casamentos, sobre mães solteiras que têm poucos dias de folga, adolescentes que têm de dividir o feriado entre dois conjuntos de pais, o filho pródigo que provavelmente não vai aparecer, os entes queridos que faleceram desde o Natal passado. Eu tinha como alvo levantar a questão de expectativas não realizadas por ocasião do feriado de Natal. Eu enfrento tal dificuldade. Você também.

Se você estiver lendo o livro com um lápis ou uma caneta na mão, sugiro que destaque a sentença seguinte. Não faça a transição do *NÓS* para a seção seguinte sem que tenha criado uma tensão que seus ouvintes estejam ansiosos para ver resolvida. Em outras palavras, não presuma que estejam interessados. Concentre-se na pergunta à qual pretende responder até estar confiante de que os ouvintes queiram que seja respondida. De outra maneira, você poderá passar vinte ou trinta minutos respondendo a uma pergunta que ninguém fez. Acho que você tem coisas melhores a fazer.

Provavelmente você já ouviu ou leu opiniões diversas quanto ao tempo de aplicação de uma mensagem. Se já ouviu Chuck Swindoll, Bruce Wilkinson ou Rick Warren tratar dessa questão, todos eles indicam que 70% ou 80% dos Evangelhos e das Epístolas são orientadas à aplicação. Concordo.

Uma das vantagens dessa abordagem é que toda a mensagem estará envolvida na aplicação. Diferentemente de outros métodos, quando a aplicação é inserida no final da mensagem, essa abordagem permite ao pregador apresentar o assunto dentro do contexto da aplicação. Se você conseguir fazer seu ouvinte dizer: "É isso aí. Eu também acho" ou mesmo indagar: "O que devo fazer quanto a isso?", já terá levado o sermão ao momento da aplicação. A aplicação não é uma seção da mensagem; é seu contexto. A abordagem EU-NÓS-DEUS-VOCÊS-NÓS faz-nos tratar da questão da aplicação tanto no começo quanto no fim da mensagem. Se começar com a sua própria experiência

(EU) e relacionar à experiência que *eles* enfrentam (NÓS), você já terá adentrado a arena da verdade aplicada.

Agora, chega, quanto a nós.

DEUS

A parte sobre Deus. O cerne. A parte bíblica. O texto! Aqui, o alvo é resolver a tensão ou, pelo menos, uma parte da tensão, conduzindo as pessoas aos pensamentos de Deus em relação ao assunto da mensagem. Uma de minhas transições, bastante usada, é:

As boas-novas são que nós não somos os únicos a enfrentar essa luta. As pessoas do tempo de Jesus também enfrentavam. Voltem, comigo, para o capítulo...

Da mesma forma:

As boas-novas são que nós não somos os primeiros a ter dúvidas sobre a bondade de Deus. O rei Davi também teve seus questionamentos. Voltemos a...

Ou então:

Certamente Deus sabia que teríamos dificuldades com isso, porque Jesus tratou exatamente dessa questão certa vez, a caminho de...

Você já entendeu.

Quando ao próprio texto, neste ponto, os comunicadores tendem a ir a dois extremos: saltam alguns versículos sem de fato explicá-los ou sem nem se apropriar do texto. Ou então cavam tão fundo e ficam tanto tempo nele que deixam os ouvintes ofegantes, com falta de ar. O primeiro extremo permite que os ouvintes permaneçam biblicamente ignorantes. O segundo extremo reforça nos ouvintes a ideia de que jamais entenderão a Bíblia por si sós.

Não podemos ser avarentos na entrega das Escrituras. Por outro lado, não podemos também ficar atolados no texto. Aí é que os sermões perdem o impulso e se tornam tediosos.

Creio que seja o medo de perder o auditório que leva tantos pregadores jovens a serem superficiais quanto às Escrituras e pesados quanto à narrativa. Existe, porém, uma terceira opção: *envolva os ouvintes com o texto*. Não bastará apenas ler o texto nem explicá-lo a ponto de que se esgote e morra. *Envolva* os ouvintes, leve-os junto a você. Trate o texto como jornada. Torne-o tão fascinante que os ouvintes realmente queiram ir para casa e ler mais do texto. Isso não é fácil, mas vale o esforço. A maneira de você fazer isso dependerá, em parte, do tipo de sua personalidade. No capítulo 15, trataremos das regras para a caminhada, no sentido de manter o envolvimento dos ouvintes com o texto.

VOCÊS

Como já disse, esta seção é referida como a aplicação da mensagem. É quando dizemos às pessoas o que devem fazer com aquilo que ouviram. É quando respondemos às perguntas: "E daí?" e "Agora, o quê?".

Pessoalmente, prefiro encontrar um ponto de aplicação que seja um desafio para todas as pessoas. Poucas vezes, peço que as pessoas assumam um compromisso para alterar radicalmente a totalidade da vida. Não acho que seja realista. Desafio-as a experimentar uma mudança durante uma semana, ou um dia. De vez em quando, peço que se comprometam por um mês.

Agora, estamos prestes a descobrir que o fato de encontrar aquela única aplicação que todos poderão assumir nos prepara para chegar ao aspecto *NÓS*. Mais importante ainda, isso permite que permaneçamos enfocados e que tenhamos uma comunicação concisa.

Quando parecer necessário ampliar a aplicação, será útil pensar nos círculos concêntricos dos relacionamentos. É provável que você tenha aprendido isso em seus estudos.

CRIAR UM MAPA

- Como isso se aplica a mim mesmo?
- Como isso se aplica aos meus relacionamentos familiares?
- Como isso se aplica aos meus relacionamentos na comunidade de fé?
- Como isso se aplica aos meus relacionamentos com os de fora?
- Como isso se aplica ao meu mundo?

Outro modo de fazer a aplicação será pensar sobre os diversos estágios da vida:

- Como isso se aplica aos adolescentes e estudantes de faculdade?
- Como isso se aplica às pessoas solteiras?
- Como isso se aplica aos recém-casados?
- Como isso se aplica aos pais?
- Como isso se aplica àqueles cujos filhos já saíram de casa?

Não recomendo que você aborde todas essas categorias numa só mensagem. Mas, tendo tempo para pensar sobre cada uma delas, perceberá alguns ângulos que, de outro modo, talvez passassem despercebidos.

Existe também uma terceira lista sobre a qual pensar: cristãos e não cristãos.

Muitas vezes, neste ponto da mensagem, eu me dirijo aos cristãos. Se houver uma aplicação para eles, faço-a aqui. Afinal, um princípio é um princípio. Muitos princípios bíblicos funcionam para todas as pessoas. Por exemplo, o amor incondicional sempre produzirá impacto, não obstante a teologia da pessoa. Assim, também, dezenas de outras virtudes bíblicas. Se eu puder fazer que um único não cristão aplique um princípio bíblico e veja os resultados, isso é progresso.

Quando uma mensagem não se aplica a um não cristão, também deixo isso bem claro. Na verdade, muitas vezes menciono isso logo no começo. Alguma coisa como: "Se você não for um cristão, o assunto de hoje não se aplicará positivamente à sua vida. Fique sentado e entenda a razão. De outra maneira, a mensagem de hoje poderá até lhe dar mais uma razão para evitar o cristianismo".

A última categoria de pessoas às quais poderei aplicar a mensagem é a de quem não está ali. Quando pregamos, pressupõe-se que alguém esteja ali, sentado, pensando que outra pessoa realmente também precisava ouvir o que acabei de ouvir. Vá em frente, trate a pessoa que está presente e que conhece alguém que deveria estar. Sugira como a mensagem poderá ser retransmitida com tato.

NÓS

Tal como você, gostaria de encerrar a mensagem com uma história plena de emoção para enfatizar o ponto principal. Algo que faça os ouvintes arfar, procurando lenços para secar as lágrimas. Uma vez ou outra, Deus nos agracia com uma dessas ilustrações finais. Mas, nas demais cinquenta semanas do ano, precisamos de outra coisa. É onde entra o elemento *NÓS*.

Esse componente final da mensagem é uma oportunidade para se juntar aos ouvintes, como foi no começo, compartilhando fragilidades, questionamentos, dúvidas e tentações. A seção *NÓS* trata de lançar uma visão. É o momento inspirativo. É o ponto em que pintamos um retrato verbal daquilo que pode e deve ser. Nesse momento final, conclamamos os ouvintes a imaginar o que a igreja, a comunidade, as famílias e mesmo o mundo poderiam ser se os cristãos de todos os lugares abraçassem essa ideia única.

Imagine uma igreja em que o tema "amem-se uns aos outros" não fosse apenas um versículo para as crianças decorarem. Imagine uma comunidade pontilhada de lares em que o marido realmente amasse a mulher como Cristo amou a Igreja. Imagine o que aconteceria na cultura se milhares de jovens abandonassem a mentira de a pureza ser apenas uma opção irrelevante. Imagine o que poderia acontecer em uma só semana se todos tratassem as pessoas com quem têm contato como alguém por quem Cristo morreu. Imagine o que aconteceria se, durante três meses, nós todos geríssemos nossos ganhos como se tudo realmente pertencesse a Deus.

É aqui que você sai de trás de onde prega, estante ou púlpito, e avança na plataforma, tão perto quanto possível diante do povo, sonhando em voz alta. Sonhe em favor das famílias, dos solteiros, das crianças, da igreja, do Reino. É aqui que você lembra os ouvintes de que as Escrituras não são apenas um meio para melhorar a vida individual. As Escrituras foram dadas para que a totalidade do corpo de que somos membros possa brilhar como farol de esperança na vizinhança, na comunidade, no trabalho. Imagine o que *NÓS* poderemos fazer juntos.

COMEÇAR

É isso aí. E é bastante. Imagino que seja muito diferente do modo em que atualmente você delineia seus esboços. Portanto, permita-me dar algumas sugestões.

Tome sua última mensagem, ou uma em que esteja trabalhando agora, e escreva à margem de uma página essas cinco palavras, no lugar em que elas se aplicam ao seu modo atual de fazer esboço. Por exemplo, se em geral você começa mergulhando diretamente no texto, escreva o termo DEUS ao lado dessa seção ou seções. Escreva *VOCÊS* ao lado da aplicação. Quando tiver terminado, procure reorganizar o material conforme a nova abordagem. Use seu próprio sistema de numeração. Simplesmente refaça a organização das partes para acompanhar o paradigma *EU-NÓS-DEUS-VOCÊS-NÓS*. Você já classificou *DEUS* e *VOCÊS*. Agora, volte e acrescente os que estiverem faltando.

Feito isso, vire a folha e procure pensar em sua mensagem, numa seção de cada vez. Aposto que consegue. As pessoas estão sempre perguntando como eu consigo pregar sem olhar para o meu esboço.

Agora você sabe.

Não conte, porém, a ninguém.

PARE, OLHE, VIVA

- Um esboço construído em torno do relacionamento com os ouvintes, e não em torno do conteúdo, combina melhor com o modo de as pessoas naturalmente processarem as informações.
- EU-NÓS-DEUS-VOCÊS-NÓS.
- Escreva as cinco palavras acima na margem do seu esboço atual, no lugar em que elas se aplicam. Acrescente as seções que estiverem faltando.

14

INTERNALIZAR A MENSAGEM

Qual é sua história?

Todo comunicador deveria ter alguma anotação, mental ou escrita. Mas ninguém precisa ver ou perceber o esboço. É possível que você prefira um estilo conversacional de comunicação. Para isso, não poderá se prender a um esboço. Alguns atores se valem de lembretes quando interpretam conversas em testes para atuar em peças teatrais. Nem mesmo amadores menos experientes jamais sonhariam em subir ao palco com o roteiro nas mãos. Por quê? Um bom ator não quer ser flagrado atuando. Quer que os espectadores acreditem que ele é de fato o que finge ser; que sintam o que ele finge sentir; que sintam que suas palavras venham do coração, e não de um roteiro. Nós também!

No filme *O patriota*, há uma cena em que Benjamin Martin, interpretado por Mel Gibson, despede-se de sua filhinha de 5 anos, Susan, que ficara muda desde a morte da mãe. Em todo o filme, Martin tenta, sem êxito, convencer Susan a falar. Perto do final, a menina está próxima da tia, Charlotte, enquanto Martin e o filho Gabriel se preparam para a batalha contra os casacos vermelhos, os ingleses. Logo antes de montar o cavalo,

Martin volta-se para Susan, que permanece imóvel. Então, ele se ajoelha e abraça-a ternamente, dizendo:

— Só um adeusinho? Uma palavra? Só quero ouvir isso.

Susan continua em silêncio, braços abaixados, sem indicar resposta. Martin deixa ir a pequena de olhos inexpressivos. Contudo, quando Martin e Gabriel montam os cavalos e vão a curta distância, Susan, com lágrimas a rolar pelo rosto, corre para o pai e exclama:

— Papai, papai! Não vá embora. Eu digo o que você quiser ouvir!

Martin vira-se na sela e vê a filha correndo em sua direção. Puxa as rédeas do cavalo e volta a galope em direção ao seu pequeno anjo ainda aos gritos. Apanha-a nos braços, segura-a apertado e luta para não chorar.

— Eu falo com você, pai. Eu digo qualquer coisa. Só me diga o que quer, eu prometo. Papai, fique conosco!

Assisti a *O patriota* na companhia de amigos cujos nomes talvez lhe sejam conhecidos, Reggie Joiner e Lanny Donoho. No meio da cena, olhei de lado para os companheiros e vi que estavam em lágrimas. Turma de maricas. O que é isso? É só cinema. Mel Gibson. Não é nem a filha dele de verdade. Mas choravam como se estivessem assistindo a um verdadeiro milagre. Eu também. Nas seis ocasiões em que assisti ao filme, chorei. Entretanto, como seria a cena se a pequena Susan ficasse, a todo instante, olhando para suas notas, lendo: "Oh! Falarei com você. (Pausa.) Direi o que você quiser"? Não seria grande coisa.

Reconheço que a atuação em filme ou teatro e a pregação são coisas diferentes. Não tão diferentes, porém, quanto seria de imaginar. Se, um dia, você estiver num palco, com um microfone nas mãos, será melhor que esteja pronto para desempenhar seu papel. Como bom ator, terá de ser crível. Afinal, você realmente crê! As pessoas esperam que você as envolva em múltiplos níveis.

INTERNALIZAR A MENSAGEM

À luz do que está em jogo, você terá de ser tanto envolvente quanto convincente. Se um ator se dispõe a decorar e internalizar o roteiro a fim de nos convencer de que é outra pessoa, tanto mais deveríamos ser motivados a internalizar as nossas mensagens a fim de convencer os ouvintes de que realmente somos aquilo que dizemos ser.

ASSUMA

Antes de nos postarmos (no meu caso, sentado) para entregar uma mensagem, temos de *assumi-la*.

Com isso, quero dizer que o comunicador terá de ser capaz de se sentar à mesa e comunicar a mensagem a dois ouvintes de maneira conversacional e autêntica. A mensagem, de alguma forma, terá de ser uma história pessoal. Algo que você poderá derivar de sua própria experiência. Quando puder "contar" o sermão, em vez de "pregá-lo", você estará pronto para comunicar. Contudo, tal não ocorrerá até que a mensagem tenha sido internalizada a ponto de você ser capaz de fornecer, de cor, uma versão de cinco minutos.

Se, a esta altura, a coisa lhe parece pouco realista, é possível que você tenha o hábito de dar informações demais, um exagero de versículos, sem vida suficiente nos sermões. Informação demais se torna difícil de memorizar. Será difícil lembrar-se de cinco passagens de cinco diferentes livros da Bíblia. A vida, porém, não é difícil de ser decorada nem dura de ser lembrada. Não me refiro apenas a ilustrações pessoais, embora as inclua. Estou falando de experiências comuns às pessoas.

Será visto como insinceridade do pregador, quando ele declarar: "Isto aqui é extremamente importante" e passar, então, a ler as partes do esboço. Uma referência constante às anotações transmite a ideia: "Ainda não internalizei a mensagem. Quero que todos a internalizem, mas eu ainda não consegui". Consequentemente, todo comunicador efetivo terá de resolver como internalizar toda a mensagem e memorizar a maior parte dela. Não palavra por palavra, não um manuscrito decorado, não um esboço, não textualmente. Mas, de alguma maneira, deve ser capaz de levantar e entregar a mensagem como uma história.

Pense nisto: a única hora que alguém lê uma história é quando a tal história não é sua. Nunca alguém que tenha sido seriamente ferido num acidente vai tirar um manuscrito do bolso e dizer: "Deixe-me contar o que aconteceu ontem". Não ouvimos alguém, abrindo um fichário, declarar: "Quero falar a vocês sobre os meus filhos". Ninguém relata um jogo de campeonato de futebol em que o filho tenha participado mantendo um esboço à sua frente. Quando pessoas contam histórias próprias, estas estão internalizadas. Fluem como a água de um riacho. Às vezes, jorram como rios em corredeiras. Vêm de dentro. O mesmo deveria ser verdade quanto àqueles que querem contar a história mais importante do mundo. Uma história que nos transformou, tornando-se parte de nossa própria história. De alguma maneira, terá de ser internalizada. Nem sempre será fácil. Sobretudo quando temos a responsabilidade de comunicá-la a cada semana.

HISTÓRIAS DESCONEXAS

Adiante, ainda neste capítulo, fornecerei diversas dicas quanto à utilização de notas de maneira velada. Contudo, as duas coisas mais úteis são aquelas de que já falamos: mensagens de um só ponto e abordagem do tipo EU-NÓS-DEUS-VOCÊS-NÓS. A criação de mensagens de um único ponto torna muito mais fácil a internalização da mensagem. Lembrar um ponto é bem mais fácil do que lembrar um montão de pontos. Ter uma ideia única que sustente tudo mais torna mais fácil internalizar a pregação. Tendo um ponto forte, o alvo será destacá-lo, e não tentar cobrir tudo que está no esboço. Se você se esquecer de algum material de suporte, mas conseguir comunicar a sua grande ideia, parabéns, conseguiu realizar o que veio fazer. Convenhamos, somos os únicos seres do Planeta que sabemos do que nos esquecemos de dizer. Se você for como a maioria dos pregadores, será provável que já tenha conteúdo demais, logo de começo. Talvez seja bom deixar um pouco de fora. Se houver diversos cultos em sua igreja, haverá outra oportunidade para pregar o mesmo sermão.

GRANDES PEDAÇOS

Na hora de internalizar uma mensagem, o esboço poderá ser um amigo ou um inimigo. Poderá facilitar ou impedir o processo de internalização. Muitos comunicadores acham que não poderão pregar sem o auxílio de notas e que, ao mesmo tempo, o esboço (ou manuscrito) os deixa assoberbados. Há também o receio de deixar de fora alguma coisa, ou de perder o fio de pensamento ou a localização da frase. Isso tudo poderá ser resolvido adotando-se a abordagem discutida no capítulo anterior.

O segredo será reduzir a mensagem a cinco ou seis partes. Não pontos. Pedaços ou seções, ou nacos de informações. Se pudermos nos lembrar das peças grandes e da ordem em que estão, estaremos prontos a partir.

As peças grandes servem de marcadores mentais de quilometragem. Permitem que continuemos a andar e sinalizam o que vem à frente. Quando deixamos de ter o que dizer sobre a parte *EU*, saltamos diretamente para o *NÓS*. Poderá ser que deixemos alguma coisa de fora, mas só nós perceberemos a omissão. Temos de nos lembrar de que o alvo não é o de expor tudo que tivermos nas anotações. É o de conduzir os ouvintes numa viagem; levá-los de um marco de quilometragem a outro, até chegarmos ao destino.

COMUNICAÇÃO QUE TRANSFORMA

Quando dou treinamento para comunicadores, muitas vezes pergunto: "Quais são as peças grandes? Conte-me sobre as peças grandes. Dê a sua introdução em uma só declaração. O que vem depois? Qual é o seu texto? Resuma a aplicação. Dê a sua ideia de encerramento". Quando pudermos rever prontamente, de cabeça, as cinco ou seis principais peças da mensagem, estaremos prontos para comunicá-la sem depender de notas.

A natureza das peças grandes poderá variar de uma mensagem para outra. Poderemos organizar as peças grandes conforme o refrão EU-NÓS-DEUS-VOCÊS-NÓS. Talvez queiramos ser mais específicos. Por exemplo:

História de abertura — Pergunta — Texto — Aplicação — Desafio

Pergunta de abertura — Ilustração — Texto — Desafio — Aplicação — História final

Introdução — Tensão — Texto — Visual — Aplicação — Conclusão

Texto — Pergunta — História — Texto — Aplicação

Quando pregava sobre as tentações de Cristo, comecei o sermão com a leitura de Mateus 4.1-2, em que o discípulo relata a história de Jesus levado pelo Espírito Santo ao deserto para ser tentado. Que estranho! Fiz alguns comentários sobre tal estranheza, em especial sobre o fato de Jesus ter orado, especificamente: "Não nos deixes cair em tentação". Passei, então, a falar sobre a minha própria luta com a tentação (*EU*) e como a tentação é comum a todos (*NÓS*). Em seguida, voltei ao texto para ver a resposta de Jesus (*DEUS*). Será ótimo começar com o texto quando houver algo estranho ou incrível que prenda a atenção das pessoas. Faço o mesmo quando prego sobre o filho pródigo. A declaração de abertura da trilogia de parábolas é que cobradores de impostos e pecadores acorriam para ouvir Jesus pregar. Estranho. *Pessoas nada parecidas com Jesus gostavam de Jesus.*

Aqui, o ponto é a identificação das peças maiores da mensagem. Ensaiar o pensamento sobre elas. Se conhecer bem os marcos de quilometragem, os pedaços maiores, você não ficará perdido. Saberá sempre o que vem a seguir. Quando não tiver mais o que dizer sobre um desses pedaços, apenas siga em frente, para a parte seguinte, sabendo que, bem provavelmente, terá deixado de fora alguma coisa. Mas só você sabe disso.

TRUQUES DO OFÍCIO

Como já mencionamos, existem maneiras de usar as notas sem que as pessoas se deem conta. Você não precisará memorizar tudo. Com a abordagem EU-NÓS-DEUS-VOCÊS-NÓS, na verdade só haverá necessidade de memorizar três peças grandes e as mais fáceis: EU, NÓS e NÓS. São as seções pessoais e talvez as mais curtas. O bom dessa escolha é que essas são as seções em que nossas omissões não farão muita diferença. São, porém, as seções que ensaio mais, repetindo-as muitas vezes em minha mente. Afinal, *EU* e *NÓS* são as divisões em que conectamos e envolvemos os ouvintes. O *NÓS* os inspira a fazer alguma coisa com aquilo que ouviram. Entre as duas partes, existem muitas oportunidades para obter um vislumbre furtivo de nossas anotações.

Imagino que você já tenha um sistema para anotar comentários e pontos nas margens de sua Bíblia. Imagino também que já tenha desenvolvido a habilidade de ler o texto enquanto olha para o que escreveu nas margens. Há alguns anos, abandonei o hábito de rabiscar a Bíblia e comecei a usar a Bíblia eletrônica, copiando e colando para o processador de textos. Assim, em vez de rabiscar, posso imprimir aquilo que desejo lembrar diretamente no texto bíblico. Depois, corto as bordas do papel para que caiba em minha Bíblia.

Existem diversas vantagens em fazer isso. Para começar, não fico limitado ao espaço das margens da Bíblia. Posso incluir mais anotações. Não farei os olhos saltarem da Bíblia para as minhas anotações, e vice-versa. É um processo sem interrupções. Não distrai. E é muito mais fácil para o pregador.

No final do texto pronto, anoto um lembrete quanto à direção a seguir a partir dali. Poderia imprimir uma declaração resumida que cobrisse o texto lido, tal como mencionamos no capítulo anterior. Algo parecido com: "Estas coisas se aplicam em três lugares" ou "É isso que acho que devemos fazer com relação às palavras de Jesus". Caso esteja passando do texto para um auxílio visual, anoto: "PASSAR PARA O VISUAL".

Outra vantagem de imprimir o texto é que, nas raras ocasiões em que faço referência a mais de um texto, não precisarei lê--lo da Bíblia, pois já estará impresso. Quando tiver terminado, poderei arquivar o texto impresso junto com meu esboço, para referências futuras. Caso queira pregar novamente a mesma mensagem, não precisarei usar a mesma Bíblia nem reescrever todas as minhas anotações em diferentes Bíblias.

Muitas vezes, escrevo meus pontos principais num cartão e coloco-o ao lado da minha Bíblia. O meu ponto-chave é uma declaração que gastei um bom tempo para elaborar. Quero expressá-la corretamente. No decurso da comunicação da mensagem, nem sempre será fácil sacá-la da memória da forma exata como foi elaborada. Escrita em letras grandes e colocada ao lado da minha Bíblia, dá-me oportunidade de verificação antes de entregar a mensagem. Se a declaração principal estiver enterrada nas notas do esboço, ou mesmo no texto, poderá gerar confusão. Gosto de ter o ponto bem à mão onde não possa perdê-lo.

Há ocasiões em que percebo que não vou acertar. Apanho o cartão e digo algo como: "Esta semana, enquanto estudava,

INTERNALIZAR A MENSAGEM

escrevi a seguinte declaração". Então, passo a ler. Depois disso, geralmente consigo repeti-la mais umas duas vezes de memória. Creio no poder de uma declaração bem elaborada, a ponto de preferir a leitura correta a tentar lembrar-me de cor e confundir um ponto que antes estava claro. Descobri que mostrar um cartão tem mais impacto do que olhar abaixo para o esboço e ler as mesmas palavras. Uma única declaração num cartão comunica a importância daquilo que é lido. É uma maneira visual de destacar a importância do que está sendo lido.

Dito isso, reitero que será melhor decorar o ponto principal. Geralmente não deveríamos usar notas na parte da mensagem que queremos que os ouvintes lembrem e internalizem. Por isso é tão importante memorizar a ideia principal. Se nós mesmos não internalizamos a mensagem, por que o ouvinte o faria? Se não conseguirmos nos lembrar do ponto principal, será que ele é importante mesmo?

O auxílio final para a minha memória vem do maravilhoso mundo da tecnologia. Temos um monitor de vídeo colocado na primeira fileira, de frente para a plataforma. Há ocasiões em que dou uma breve lista de palavras para a equipe de produção colocar no monitor a fim de auxiliar minha memória. Em geral, são itens que se encaixam na seção da mensagem que denominamos *VOCÊS*. São aplicações específicas daquilo que quero estar certo de não esquecer. É bem mais fácil olhar para o monitor do vídeo do que procurar nas minhas anotações. Tenho, porém, visto pessoas que abusam da tecnologia, parecendo tão grudadas ao monitor quanto a maioria dos pregadores a seus esboços. Essa "cola" eletrônica jamais deverá substituir o árduo trabalho da memorização. Facilita a vida nas ocasiões em que a aplicação número dois foge da mente. Algumas vezes, peço à equipe que visualize minha ideia principal no monitor e deixe ali durante toda a mensagem.

DIGA EM VOZ ALTA

Frequentemente perguntam-me se eu ensaio os sermões. Sim e não. Jamais prego uma mensagem inteira em voz alta, no escritório ou em casa. Mas há porções do sermão que realmente ensaio, na noite anterior. Sempre ensaio as histórias. Contar uma história a viva voz faz que ouçamos aquilo que não ficou claro e tropecemos naquilo que é difícil de explicar. Às vezes, ensaio as histórias durante o jantar e peço uma reação da família.

Outras porções que ensaio em voz alta são a introdução e a conclusão. A declaração inicial e a final são de suma importância. Se não envolvermos os ouvintes nos primeiros minutos, enfrentaremos uma luta morro acima até o final. Da mesma forma, se não terminarmos com a força adequada, toda a mensagem poderá ser esquecida antes que as pessoas cheguem a seus carros. Há ocasiões em que manuscrevo a introdução e a conclusão. É imprescindível que a abertura e o fechamento sejam memorizados.

SÁBADO À NOITE

No meu caso, procuro sempre estar três semanas adiantado no preparo de sermões. Numa quinta-feira, voltando do escritório para casa, já terei três sermões completamente feitos para as pregações seguintes. A vantagem de estar adiantado é que, se alguma coisa interferir em meu tempo de estudo, não me atrapalha muito, pois tenho duas semanas para recuperar o tempo. A outra vantagem é que dá à equipe de produção tempo suficiente para preparar tudo que será necessário, em torno da mensagem.

A desvantagem é que, ao retomar o estudo do sermão, no sábado à tarde ou à noite, já não o terei considerado por duas ou três semanas. Parece muita informação para decorar e digerir em pouco tempo.

Despendo a primeira parte de meu estudo de sábado simplificando a mensagem. No sábado, o meu alvo é tornar o sermão mais memoriável possível. Examino uma linha ou ideia e penso: *Jamais conseguirei lembrar-me disso*, daí elimino a frase. Quando temos o compromisso de internalizar a totalidade da mensagem, somos motivados a reduzi-la ao mínimo essencial. Se estivermos apresentando apenas *um* ponto, não será difícil identificar o que deve ser cortado.

Se alguma coisa não apoia, ilustra ou esclarece o ponto, elimino-a. Tenho experiência suficiente, pregando há tanto tempo, para me sentir à vontade com o fato de que é possível preencher o tempo, não obstante quanta informação eu tenha eliminado. A maioria das pessoas a quem treino enche a mensagem com coisas demais, com medo de faltar assunto. Invariavelmente, acabam esgotando o tempo e são forçadas a correr com a conclusão, o que cancela o impacto do sermão. Coisas demais para dizer têm quase o mesmo efeito que não dizer nada. Acrescentar matéria só para preencher o tempo é uma abordagem terrível. Entendemos bem a pressão. Mas atente para o seguinte: você tende a encurtar demais ou expandir demais? Se estiver preparado com bastante antecedência, ninguém reclamará. Responda a algumas perguntas e mande todo mundo almoçar mais cedo. Em suma, menos vale mais.

UMA NOTA FINAL SOBRE NOTAS

É surpreendente nossa capacidade de recontar o roteiro de um filme depois de ter-lhe assistido apenas uma vez. Enquanto assistimos a um filme, não nos esforçamos para lembrar tudo. Histórias são fáceis de lembrar e repetir. Os bons sermões também. Por quê? O bom sermão é como um bom filme ou um livro fascinante. Envolve-nos desde o começo com a criação de alguma tensão. Resolve a tensão. Existe um clímax. E finalmente há uma conclusão que amarra todos os fios soltos. É simples. Quando pudermos reduzir a mensagem a alguns pedaços maiores, ela pode ser contada como uma história. Será inesquecível, como certos filmes de cinema. As pessoas nem percebem o tempo passar. No entanto, para que isso ocorra, a mensagem terá de ser internalizada. Terá de se tornar a *sua* história.

Outra característica de um bom filme é que, na hora de fazer os cortes, o editor deixa muita coisa de fora. Pelo menos é o que faziam antigamente. Retiram até coisas boas, para que as melhores coisas possam brilhar ainda mais. Ninguém aprecia ficar sentado no cinema durante quatro horas. Será necessário que nos disciplinemos da mesma forma, para que nossas mensagens sejam memoriáveis para nós e prazerosas para os ouvintes. É melhor ser incompleto e envolver os ouvintes do que cobrir cada pequeno detalhe e permanecer preso às anotações não envolventes. Se o auditório não estiver envolvido, se as pessoas não estiverem caminhando juntas, será que importará que consigamos incluir tudo que queríamos?

Memorize aquilo que tem de ser memorizado. Desenvolva um método de se referir às notas sem distrair os ouvintes, roubando a atenção da mensagem. Repense sobre o modo de empregar o texto. Procure oportunidades de deixar lembretes para si mesmo durante o percurso. Internalize a mensagem.

PARE, OLHE, VIVA

- Antes de entregar uma mensagem, será necessário que a tenha assumido.
- Reduza toda a mensagem a cinco ou seis pedaços. Não pontos: pedaços ou partes de informações.
- Se alguma coisa não apoia, ilustra ou esclarece o ponto, elimine-a.

15

ENVOLVER OS OUVINTES

Qual é o seu plano para cativar e manter a atenção deles?

Se a comunicação puder ser comparada à ação de conduzir pessoas numa jornada, será importante que realmente *as levemos conos*co. Você já assistiu a uma apresentação em que ficou a contar ladrilhos, fazendo jogos mentais ou elaborando uma lista de coisas para fazer no dia seguinte? É provável que o apresentador tenha quebrado uma regra fundamental da comunicação: saiu correndo e deixou os ouvintes parados na estação. Não envolveu nem manteve o interesse dos ouvintes.

Há pouco tempo, visitei uma igreja com alguns amigos. Sentado ali, lutando para prestar atenção, observei que eu não era o único sonolento. Provavelmente houvesse 300 ou 400 pessoas no auditório. Era evidente que o pregador tinha se esforçado no preparo da mensagem. Também era evidente que a maioria dos ouvintes não estava envolvida. Apesar do que me parecia óbvio, ele continuou a apresentar a matéria. Na verdade, estava tão envolvido com a apresentação que não parecia se importar com o fato de que a maior parte dos ouvintes já estivesse "desligada". Deixara a estação sem que as pessoas tivessem embarcado e não parecia notar nem se importar.

Terminado o culto, fomos almoçar. Éramos umas 12 pessoas. Depois do almoço, continuamos a conversa até o final da tarde. Ninguém mencionou o sermão. Foi como se não tivesse acontecido. Certamente ninguém, exceto eu, notou a situação. Mas fiquei perturbado a ponto de, ainda hoje, pensar sobre o assunto. O pastor gastou horas preparando o sermão. Apresentou-o com esforço. E teve tão pouco impacto que um grupo de cristãos, deixando o culto, não fez um único comentário a respeito do que deveria ter sido uma grande experiência. Confesso que também não mencionei o assunto, ali, principalmente porque não conseguia pensar em nada de bom para dizer. Que pena. Mas como é comum que isso ocorra!

Como é que nos certificamos de que nossos ouvintes realmente estão nos acompanhando? Como poderemos envolver os ouvintes e manter seu interesse durante toda a apresentação? Antes de comentar detalhes específicos, quero lembrar um princípio básico. Toda agência de propaganda, toda companhia cinematográfica de nível internacional assume esse princípio. Contudo, parece que a comunidade religiosa não gosta muito. É o seguinte: *Na hora de envolver o auditório, a apresentação vence a informação*. Outra forma de declarar o mesmo princípio é: *A atenção e a retenção são determinadas pela apresentação, e não pela informação*. A apresentação é importante. Muito.

A/I

Como dizemos o que dizemos é tão importante quanto *aquilo* que dizemos. A apresentação determina a conservação de atenção dos ouvintes. Hoje em dia, existe muita conversa sobre conservação de atenção. Uma teoria diz que o período de conservação de atenção está se tornando cada vez mais breve por causa da precisão da tecnologia e da presença das muitas opções existentes. Não aceito essa teoria. Qual é a duração do filme *O senhor dos anéis*? Meus filhos e eu assistimos a cada filme da série pelo menos duas vezes no cinema e ainda compramos os DVDs para revê-los em casa. A cada vez, o roteiro era o mesmo e o final era o mesmo, mas assistíamos de novo. *King Kong* durou um dia inteiro. Meu menino de 13 anos e eu assistimos duas vezes. Todo garoto que conheço consegue ficar parado durante horas diante de um Xbox ou PS3 (já tem um mais recente?) sem ficar distraído com outra coisa. A maioria dos leitores adultos consegue perder a noção do tempo diante de um bom livro. O ponto é que, quando estamos envolvidos, o tempo voa. Quando não estamos envolvidos, o tempo parece não passar. A questão não é o *espaço de tempo* de atenção que as pessoas têm, e sim a capacidade de cativar e prender a atenção das pessoas.

Compramos, em algum lugar, a ideia de que um bom conteúdo é a única coisa necessária para envolver um auditório. Raramente é o caso. Digo *raramente* porque existem ocasiões em que a própria informação, por si só, cativa e mantém a atenção das pessoas. Tais raras ocasiões destacam o ponto de nosso capítulo. Chegaremos a isso em uma ou duas páginas. Mas, na maioria dos casos, é a apresentação que prende e mantém a atenção das pessoas.

Pense, por um momento, em seu restaurante preferido. Suponho que sirvam carne, frango e peixe. O meu também! Não é surpreendente? Estaríamos pensando no mesmo restaurante?

Aquilo que torna *preferido* o restaurante de sua escolha não são os tipos de carne servidos nem as saladas que os acompanham. O que marca a *preferência* é o modo de preparar e servir os diversos pratos. O preparo e a apresentação são verdadeiros convites para que voltemos e degustemos outra vez as iguarias que experimentamos. A mesma coisa se aplica à comunicação.

Bom preparo e boa apresentação manterão as pessoas envolvidas, e a freguesia cativa.

Testemunhei a efetividade dessas qualidades quando alguém de nossa equipe apresentou uma história conhecida do Antigo Testamento três vezes seguidas em quinze minutos a um mesmo grupo de crianças. A moça tinha tudo contra ela. Para começar, os ouvintes eram uma mistura de crianças da primeira à quinta série. A maioria da meninada já conhecia a história. As crianças tinham acabado de vir de seus pequenos grupos onde estiveram em ambiente de aprendizado durante mais de uma hora. No final da terceira vez que a moça apresentou a história, as crianças bateram palmas, em pé. Ficaram envolvidas do começo ao fim. Como ela conseguiu?

Primeiro, um grupo de atores apresentou a história como peça teatral. Em seguida, o mesmo grupo de atores apresentou a história como no cinema mudo. Depois, a mesma história foi apresentada num formato musical, de opereta. Foi incrível. Meu menino de 11 anos disse que foi a coisa mais engraçada que já viu. Quando perguntei sobre o ponto-chave da história, ele foi rápido para responder:

— Foi sobre a capacidade de utilizar recursos. A utilização de recursos é o uso daquilo que temos em mãos para realizar uma tarefa.

Muitas vezes, julgamos necessário apresentar um novo conteúdo para manter a atenção e o envolvimento das pessoas. Não é o caso. Precisamos de apresentações novas. Enfrentemos os fatos. Moisés desce da montanha com as tábuas dos Dez Mandamentos. Davi mata seu gigante Golias. Daniel é comido pelos leões. João Batista não escapa do calabouço de Herodes. Jesus nasce numa manjedoura. As histórias não mudam. Nossa apresentação é que deverá variar. Dois comunicadores contam a mesma história com resultados totalmente diferentes. Apresentação é a manifestação do conteúdo.

REBATE

— Espere aí! A Palavra de Deus não permanece por si só? A apresentação é tão importante assim, mesmo quando se trata das Escrituras?

Responderia *não* para a primeira pergunta e *sim* para a segunda. Vá até a igreja coreana de sua cidade e peça emprestada uma cópia da Bíblia em sua língua pátria. Passe uma hora ou mais lendo e meditando nas Escrituras, em coreano! Certamente, se você souber coreano, poderá ser um exercício proveitoso. Mas, se não souber ler nessa língua, será desperdício de tempo. Por quê? A apresentação coreana da Palavra de Deus, para quem não saiba ler coreano, não terá significado nem será envolvente ou proveitosa. A apresentação é importante.

Ainda não se convenceu? Pense nisto:

João, o apóstolo, escreveu: "No princípio era aquele que é a Palavra. Ele estava com Deus, e era Deus".[1]

Enquanto a Palavra estava com Deus, não nos parecia fazer muita diferença, parecia? Sabemos disso por causa da conclusão do pensamento.

"Aquele que é a Palavra tornou-se carne e viveu entre nós."[2]

Por quê? Não bastava a existência da Palavra eterna? Ela realmente precisava viver entre nós? Sem dúvida alguma. Quando a Palavra se fez carne e viveu entre nós é que sentimos o impacto da sua revelação.

João continua.

"Vimos a sua glória, glória como do Unigênito vindo do Pai, cheio de graça e de verdade."[3]

O mundo foi *apresentado* quando Jesus, a Palavra, veio, revestido de humanidade.

---

[1] João 1.1.
[2] João 1.14a.
[3] João 1.14b.

"Ninguém jamais viu a Deus, mas o Deus Unigênito, que está junto do Pai, o tornou conhecido."[4]

Jesus *apresentou* o Pai ao mundo. A criação apresenta um vislumbre da glória de Deus. Jesus apresentou um aspecto de Deus que ninguém tinha visto até que o Filho o revelasse. Isso se tornou bastante evidente na conversa entre Jesus e Filipe. Em dado momento, provavelmente de frustração, Filipe pediu a Jesus que lhe mostrasse o Pai. Como muitos de nós, ele queria ver Deus, ainda que de relance. Você se lembra da resposta de Jesus?

"Você não me conhece, Filipe, mesmo depois de eu ter estado com vocês durante tanto tempo? Quem me vê, vê o Pai. Como você pode dizer: 'Mostra-nos o Pai'?"[5] Seu ponto? Filipe, ver a mim é o mais próximo que alguém chegará, nesta vida, de ver o Pai.

Meu ponto? Jesus era a necessária expressão e apresentação do Pai. Deus, em virtude de sua natureza graciosa, vai além da sua própria existência. Quis ser apresentado de maneira que permitisse que sua criação máxima o entendesse e compreendesse. Alguns o fizeram. Outros não. Mas a apresentação estava ali, para que todos a vissem. Deus se fez visível ao mundo. Parece-me que deveríamos nos dispor para fazer igual. Jesus é a Palavra viva. Não deveríamos fazer o máximo possível para apresentar vividamente a Palavra escrita aos nossos ouvintes? Creio que sim.

Sou grato a Deus pelos homens e pelas mulheres que tornaram vívida a Palavra de Deus para mim, quando eu era apenas um adolescente desinteressado. Eu possuía uma Bíblia. Mas ela não me possuía. A Palavra de Deus era viva. Mas, num sentido prático, ela não vivia em mim. Certo verão, um moço chamado Dan Dehaan apareceu no acampamento

---

[4] João 1.18.
[5] João 14.9.

de férias e cativou minha atenção por meio de sua peculiar *apresentação* das Escrituras. Fui de tal forma impactado pela apresentação que comecei a ler, pela primeira vez, a Bíblia por conta própria. Estou lendo desde aquele dia. Dan é uma das razões pelas quais hoje estou no ministério. Passei quinze anos ensinando Bíblia para adolescentes. Graças ao Dan, jamais, nem uma vez, presumi que bastasse apenas pregar a Palavra. Minha responsabilidade era *apresentar* a Palavra de maneira fiel e envolvente.

No século I, as pessoas amavam ou odiavam Jesus. Mas ninguém lhe era indiferente. As pessoas sentiam atração ou repulsão quanto a Jesus. Ele aboliu todas as interrupções que impediam a comunicação da verdade e da natureza do Pai. Não falou simplesmente. Falou com autoridade. Havia uma diferença marcante entre Jesus e os outros mestres da época. Ele era criativo, compassivo, direto e ostensivo. O comunicador-mor. Pessoas que não se pareciam nem um pouco com ele gostavam dele. Pecadores e cobradores de impostos corriam para ouvi-lo. Em diversas ocasiões, milhares de pessoas acorreram para ouvir suas palavras. Jesus tinha tempo limitado para comunicar ao mundo a mensagem mais importante de todos os tempos. Comunicou de maneira tal que seus termos, figuras de linguagem e parábolas têm adornado a literatura de todas as gerações que o seguiram. Leia os Evangelhos. Jesus não se contentou em estar certo. Tinha um compromisso sério com a missão de ser ouvido. Como é, então, que nós, que sentimos o chamado para proclamar suas palavras a fim de impactar nossa geração, poderemos nos contentar com menos do que isso?

Na seção seguinte, tratarei de um aspecto da comunicação aparentemente conflitante com o que foi dito, até aqui, neste capítulo. Mas as duas ideias, na verdade, trabalham juntas, conforme descobriremos um pouco adiante.

QUANDO A INFORMAÇÃO É SUFICIENTE

Mencionei antes que existem raras ocasiões em que a apresentação não será tão importante porque a própria informação vibra com empolgação. Um exemplo. Há uns dois anos, fui submetido a um exame de ressonância magnética. Ressonância magnética fechada. O máximo da diversão. No caminho de volta para casa, telefonei para Sandra, dizendo que estava resolvido: queria ser cremado.

Depois de uns dias, contatei o consultório para saber quando poderia consultar o médico e ouvir suas conclusões sobre os meus "retratos ressonantes". A assistente informou-me que ele não teria horário senão dali a uma semana! Para mim, uma eternidade. Por quê? Porque eu acreditava que ele teria informações vitais a meu respeito. Quando, finalmente, chegou o dia da consulta, fui mais cedo. Ao passar pela porta, o médico já tinha toda a minha atenção. Naquela situação, a apresentação era totalmente irrelevante. Eu estava lá, aguardando a informação. Certamente você terá tido experiência semelhante.

Isso nos leva a um importante princípio de comunicação. Quanto mais interessados no assunto, mais fácil será o envolvimento com a informação. Fui ao consultório médico com alto nível de interesse. O médico não precisou fazer nada para despertar meu interesse. Por que eu estaria tão interessado na sua informação?

Havia uma pergunta para a qual eu estava ansioso em obter resposta, e estava convicto de que o médico a teria. Meu interesse provinha de uma tensão que, eu acreditava, ele poderia resolver. Estava interessado porque eu tinha um problema que, esperava, pudesse ser solucionado. A tensão cria fome de informação.

Suponha que, terminando de falar comigo, o médico dissesse:
— Ei, Andy! Você teria interesse em ficar por aqui enquanto converso com os outros pacientes sobre as ressonâncias magnéticas a que se submeteram?

Minha resposta, é claro, seria:
— Não. Realmente não estou *interessado*.

Tal como muitos frequentadores de igreja, talvez eu aceitasse o convite, ficando ali por mera educação. Mas estaria realmente interessado? Não. Afinal, o que a ressonância magnética de outra pessoa tem que ver *comigo*?

A apresentação cederá lugar à informação quando os ouvintes estiverem totalmente convencidos de que você está prestes a responder a algo que queiram saber, quando esperarem a resolução de um mistério que não conseguiram resolver sozinhos, ou desfazer uma tensão contra a qual julgavam ser incapazes de lutar.

Quando a cidade de Atlanta teve sua primeira Parada *Gay*, na década de 1980, eu trabalhava para meu pai, no centro da cidade. Sem saber, estávamos na rota do desfile. Além disso, a parada foi marcada para a manhã de um domingo. Como dá para imaginar, seria um grande evento. Muito grande. Sugeri ao meu pai que pregasse sobre o que a Bíblia diz da homossexualidade. Entretanto, ele estaria terminando uma série de mensagens exatamente na manhã do domingo em que haveria a parada, saindo da cidade logo à tarde. Assim, ele sugeriu que eu pregasse. Contando apenas 27 anos, e não sabendo bem das coisas, concordei. No culto de domingo pela manhã, meu pai anunciou que, à noite, eu pregaria sobre o que a Bíblia diz em relação à homossexualidade.

Não tive de me esforçar para ser envolvente. Todo mundo estava interessado. Até os membros da comunidade *gay*, que resolveram assistir ao culto em nossa igreja naquela noite. Por quê? Alguns porque presumiram que eu responderia a perguntas que eles mesmos tinham. Outros porque desejavam resolver uma tensão que lhes pesava. Outros mais até para me ver fazer papel de bobo. Qualquer dos três tipos valia uma ida à igreja para verificar. Há muito tempo, tirei de circulação a fita gravada daquela mensagem. Fita? Você se lembra de quando usávamos fita magnética?

Existem tópicos tão controversos, incomuns ou cheios de emoção que só a informação será bastante para envolver o auditório. Quando anuncio na igreja que falarei sobre sexo, a frequência dos domingos aumenta consideravelmente. Em certo fim de semana, tratamos do assunto pornografia. Só havia lugar para ficar em pé. De outra vez, quando as pessoas souberam que eu pregaria sobre divórcio, o auditório ficou lotado.

Contudo, temos de enfrentar o fato de que apenas alguns assuntos atrairão tanto pela informação que tornem secundária a apresentação. Mesmo com tais tópicos, a apresentação continuará sendo importante. Só que não tão importante quanto em outras ocasiões.

DESPERTAR A NECESSIDADE

Tenho duas razões para aplicar meu tempo tratando deste assunto. A primeira é a verdade. A segunda, ocasiões raras ilustram importante princípio. Pessoas tornam-se mais facilmente envolvidas quando se convencem de que o pregador está pronto para responder a uma pergunta que elas mesmas têm; que irá solucionar um mistério que procuram entender; ou resolver uma tensão para a qual precisavam de alívio. Quando sabem de antemão que uma dessas três coisas será feita, os ouvintes chegam cheios de interesse. Poderão até chegar mais cedo. Estarão emocionalmente envolvidos desde o momento em que o mensageiro sobe à plataforma. E se o assunto não for, por si só, pleno de emoção? Se ninguém souber do tópico sobre o qual você pretende pregar? E se os ouvintes chegarem sem nenhuma expectativa?

Você simplesmente terá de criar o interesse. Em geral, nos cultos de domingo, ou sempre que você estiver pregando, a primeira responsabilidade será de despertar uma pergunta a que os ouvintes queiram ver respondida, criar uma tensão que queiram ver solucionada, ou destacar um mistério que ainda não puderam compreender. Se você adiantar a mensagem antes de propor uma dessas três coisas, terá deixado os ouvintes parados, em pé, na estação.

Se fornecermos respostas a perguntas que não estão sendo feitas ou tentarmos solucionar um ponto de tensão que ninguém sente, nossa informação cairá sobre ouvidos surdos. Informações que não venham ao encontro de necessidades serão irrelevantes. Poderá ser até que a informação seja relevante, mas, se não percebem ou não sentem a necessidade, para os ouvintes ela será totalmente irrelevante. Ninguém estará envolvido. Poderão ficar quietinhos em seus assentos até que terminemos de falar, mas não estarão envolvidos.

Em que isso implica?

A introdução poderá ser a parte mais importante de sua mensagem. É o equivalente ao condutor de trem que grita: "Todos a bordo!". No meu caso, equivale a ficar ao lado da nossa *van* e berrar: "Carregar veículo, vamos partir". Sua introdução deverá levantar as perguntas às quais você pretende responder, criar a tensão que vai resolver ou apontar o mistério que irá solucionar. Tenho a impressão de que muitos comunicadores, sobretudo pregadores, ficam tão ansiosos para chegar ao corpo de suas mensagens que gastam pouco tempo no preparo da introdução. Saem sozinhos da estação.

INTRODUÇÕES

Em geral, escrevo a introdução por último. Muitas vezes, eu a refaço no sábado à noite. Não é raro que minha introdução tome três quartos de uma página de um esboço de três páginas. É a única seção da mensagem que sempre ensaio em voz alta.

Presumo que, se não prender a atenção dos ouvintes nos primeiros cinco minutos, tudo estará perdido. De nada terão valido minhas horas de preparação. O entendimento que transforma vidas não transformará ninguém.

Apresento, aqui, três conjuntos de perguntas que recomendo para o desenvolvimento das introduções:

- Qual é a pergunta a que respondo? O que poderei fazer para que os ouvintes queiram conhecer tal resposta?
- Qual é a tensão que a mensagem procura resolver? O que poderei fazer para que meus ouvintes sintam tal tensão?
- Qual é o mistério que a mensagem soluciona? O que poderei fazer para que os ouvintes desejem uma solução?

Creio que todo sermão poderá ser organizado em volta de um desses conjuntos dinâmicos. Reconhecer aquilo que melhor caiba na mensagem fornecerá a percepção de como abordar a introdução. Quando você tiver conseguido ajustar o foco da mensagem para deixar ver a ideia central, a escolha da abordagem da introdução se tornará bem mais fácil.

Jesus fazia isso em todo o tempo. "Quem as multidões dizem que eu sou?" Isso certamente despertou tensão. Jesus fazia constantes declarações contrárias às ideias preconcebidas na época, de tal modo que prendiam imediatamente a atenção de todos. "Bem-aventurados os pobres em espírito." Não parece certo. Todo mundo quer ser rico em espírito, não é mesmo? Suas parábolas destacavam a tensão entre o Reino dos céus e o reino dos homens. E o que dizer disto como uma introdução: "Vocês ouviram o que foi dito [...]. Mas eu lhes digo [...]"?

ENVOLVER OS OUVINTES

Certa vez, Jesus provocou discussão ao declarar: "Digo-lhes a verdade: Dificilmente um rico entrará no Reino dos céus. E lhes digo ainda: É mais fácil passar um camelo pelo fundo de uma agulha do que um rico entrar no Reino de Deus".[6] Lembra-se da resposta dos discípulos? "Ao ouvirem isso, os discípulos ficaram perplexos e perguntaram: 'Neste caso, quem pode ser salvo?'"[7] Jesus os fez indagar exatamente aquilo a que ele queria responder.

Se você conseguir criar uma tensão logo na introdução, também terá conseguido trazer à tona alguma emoção. Um ambiente pleno de emoção é sempre envolvente. Prestamos atenção quando percebemos tensão. Você já experimentou a sensação de mergulhos em águas profundas ou saltos de paraquedas? Tenho certeza de que você estava bem envolvido com as orientações oferecidas pelo instrutor. A mesma dinâmica é verdadeira sempre que ficamos diante do público para pregar. Tensão ganha atenção. Se não criarmos tensão, erraremos, presumindo haver obtido e mantido a atenção das pessoas.

Por essa razão, avisei, no capítulo 13, que você não fizesse a transição do *NÓS* para a seção seguinte até que tivesse criado uma tensão que os ouvintes estivessem realmente desejosos de ver resolvida. Em outras palavras, não presuma que todos estejam interessados. Focalize a pergunta a que você pretende responder, até que esteja confiante de que seus ouvintes anseiem pela resposta. De outro modo, você estará prestes a gastar vinte ou trinta minutos de sua vida respondendo a uma pergunta que ninguém ainda fez.

Como já sabemos, prender a atenção do auditório com uma introdução benfeita é apenas o começo. Será preciso mantê-los envolvidos em todo o percurso. Assim, ofereço cinco sugestões para ajudar a manter o auditório envolvido após a introdução.

---

[6] Mateus 19.23,24.
[7] Mateus 19.25.

REGRAS DE ENVOLVIMENTO

1. *Verificar a velocidade*

O cérebro humano é capaz de processar as palavras com muito maior rapidez do que a boca. Essa dica tem enormes implicações para os comunicadores. Jeff Miller, escritor da revista *Leadership*, fala sobre as PPM (palavras por minuto) do comunicador. De acordo com Jeff, a velocidade média de comunicação está em torno de 150 palavras por minuto. Diz Miller: "Estudos indicam que falar levemente acima de 150 palavras por minuto acrescenta um elemento de dignidade à mensagem. Os que falam mais depressa — até 190 palavras por minuto — foram considerados mais objetivos, conhecedores e persuasivos do que os falantes mais lentos".

Em suma, se você fala muito devagar, será visto como maçante, não obstante a importância do conteúdo. Jeff ressalta que os oradores precisam aumentar a velocidade acima do nível normal de conversação. De outra forma, o cérebro dos ouvintes irá muito à frente do que lhes é dito e será confundido pelo atraso do comunicador. As pessoas acabarão se desligando. Talvez você já tenha tido a experiência de sentar para escutar alguém que falou tão devagar que você sentiu como se a vida estivesse sendo esvaziada. Provavelmente não foi a significância do que foi dito, mas apenas o ritmo da expressão.

O número de palavras por minuto comunica o interesse e a paixão do orador pelo assunto. Quando um dos meus filhos vem correndo pelo corredor, a dois quilômetros por minuto, já estou envolvido, antes mesmo de saber sobre o que ele estaria falando. Seu ritmo é rápido a ponto de me fazer acreditar que ele tem mesmo algo importante a dizer. O ritmo de nossas palavras comunica a importância.

Se você escutar suas próprias gravações e descobrir que tem vontade de apressar o CD, talvez seja uma questão de PPM. Não será um problema se a fala for um pouco lenta. Depois do meu primeiro sermão, na aula de homilética do seminário, o professor exclamou:

— Andy, se não for um pouco mais devagar, sua comunicação ficará completamente sem efeito.

Jamais me esqueci dessas palavras. Na verdade, é uma das coisas de que me lembro do seminário. Ele estava certo. Uma das principais razões pelas quais escuto os meus próprios sermões é para monitorar minha velocidade. Falar depressa demais poderá cansar as pessoas, assim como falar devagar demais. Além disso, acaba com a dicção. Se as pessoas tiverem de pensar demais para seguir o pensamento, acabarão desistindo de nos seguir. Ficarão exaustas. E, por falar em exaustão, imagine o que acontece com as pobres criaturas que se dedicam a usar a linguagem de sinais para os surdos da congregação traduzindo a grande velocidade. É de surpreender que suas mãos não peguem fogo! Em diversas ocasiões, tenho colocado um cartão em minha Bíblia com os dizeres: *mais devagar!*

2. Devagar nas curvas

É fácil perder pessoas nas curvas. Quando fazemos a transição da introdução para o texto, para o ponto-chave, para a aplicação, temos de dar às pessoas alguma indicação de que faremos a transição. Deixe que seus ouvintes saibam que você vai virar. Indique que você vai virar. Sim, acabei de repetir a mesma coisa. É uma maneira de deixar que as pessoas saibam que estou indo para outra seção da mensagem. Quando dizemos uma coisa apenas uma vez, não a destacamos. Quando repetimos a mesma coisa de umas duas ou três maneiras diferentes, destacamos a transição. Observe um exemplo de transição típica que uso quando passo do *NÓS* para *DEUS*.

Felizmente, não somos o primeiro grupo a questionar isso. Homens e mulheres do primeiro século tiveram a mesma preocupação. Tanto foi que, certa vez, um grupo procurou Jesus perguntando sobre isso. Nos próximos minutos, teremos oportunidade de ouvir Jesus tratando da mesma questão. Mais uma vez, a Bíblia nos lembra de como ela é relevante quanto às questões que enfrentamos nos dias atuais.

Aqui, temos uma declaração de transição que usei ao sair do texto para a seção de aplicação da mensagem:

> Ora, à luz de tudo isso, o que deveríamos fazer? Como esse princípio interagirá com nossa vida? O que você fará amanhã de manhã, quando estiver no escritório ou na sala de aula? Como isso lhe parecerá à volta da mesa do jantar? Eis algumas sugestões...

Note, nesta segunda citação, que eu não sugeri nenhuma aplicação específica. Simplesmente permiti que todos percebessem o que estava por vir. Quando procedo a reparos num esboço, escrevo sempre minhas transições, tal como fiz ali. Esses parágrafos de transição, no esboço, servem de lembretes visuais da minha necessidade de ir mais devagar nas curvas.

As transições fornecem aos ouvintes uma oportunidade para alcançar o pregador. Dão ao auditório a chance de entrar na discussão. Poderá ser que tenham perdido a noção do rumo que você seguia, por diversas razões, muitas das quais impossíveis de serem controladas. Contudo, indo mais devagar nas curvas, criando uma pausa na ação, os ouvintes poderão reassumir seu lugar na jornada.

3. *Navegue pelo texto*

No capítulo 13, observei que a parte textual da maioria das pregações é exatamente onde as coisas ficam mais confusas. Creio que o texto deverá ser a parte *mais envolvente* da mensagem. Isso, porém, requer trabalho especial de nossa parte.

ENVOLVER OS OUVINTES

Eis as minhas regras de estrada, em termos do envolvimento de pessoas com o texto:

- Faça que os ouvintes retenham um texto bíblico e apenas uma só passagem. Alguns textos até podem ser projetados na tela, mas não espere que os ouvintes consigam seguir você a galope pela Bíblia. Escolha um texto central e fique nele. Será melhor que compreendam um único versículo do que procurar quatro ou cinco versículos diferentes, dos quais nem consigam se lembrar.
- Não leia trechos muito longos sem fazer comentários. Comente ao longo da leitura. Mesmo nas narrativas, não será bom ler a história toda passando imediatamente para o sermão. Conduza as pessoas através do texto.
- Destaque e explique palavras ou frases estranhas. Pense como um navegador ou um guia turístico. Destaque as coisas à medida que aparecerem... mas continue andando.
- Expresse suas frustrações ou dúvidas quanto ao texto, se houver. Se for frustrante, certamente estará também perturbando alguém mais entre os ouvintes. Se lhe parece pouco razoável ou pouco prático, sem dúvida você não estará sozinho nessa ideia. Sempre que puder dizer aquilo que os seus ouvintes estiverem pensando, eles considerarão sua credibilidade, possibilitando maior aproximação.

"É difícil acreditar nisso, não é?"

"Se Deus me permitisse apagar um versículo, talvez eu escolhesse este."

"Está na cara que Jesus não se encontrou com o seu chefe."

"Se fosse um dos discípulos, talvez eu tivesse me retirado naquela hora."

"É aqui que queremos erguer a mão e contar a nossa triste história. Afinal, se Deus soubesse pelo que você passou, ele teria dado a você passe livre."

- Ajude o auditório a prever o ponto principal do texto.

"Está certo. Prepare-se, é isso aí..."

"Então ele detona uma bomba..."

"A essa altura, os que ouviam Jesus estavam se perguntando sobre o que ele estaria falando. E ele passa a lhes dizer que..."

- Leia o texto propositadamente de modo errado, inserindo uma palavra que signifique o oposto. Em seguida, dê uma pausa para que os ouvintes pensem no que ouviram.

"Como está escrito, é mais bem-aventurado receber do que dar..."

"Maridos, amem suas esposas do jeito que elas amam vocês..."

"Porque pela *coerência* sois salvos..."

- Faça que os ouvintes leiam certas palavras em voz alta, para dar ênfase.

"E a verdade os fará... o quê? Qual é a palavra? Digam comigo."

"Se confessarmos os nossos pecados, ele é fiel e justo para... Qual é a palavra? Perdoar. Ele perdoará nossos pecados e nos purificará de toda injustiça."

"Ouviram que foi dito: amem o próximo e odeiem o inimigo. Eu, porém, digo:... Qual é a próxima palavra? Amar. Dá para acreditar? Amar os inimigos e orar por aqueles que nos perseguem?"

- Resuma o texto com uma declaração bem elaborada. Lembre-se de que você prometeu tratar da tensão, da necessidade, da questão, da pergunta, daquilo que estabeleceu logo no início. Certifique-se de que o momento do texto faça exatamente isso. Uma declaração breve, bem preparada, memorizada, evitará que você, por engano, deixe obscura a razão pela qual, para começo de conversa, escolheu exatamente esse texto. Muitas vezes, isso acontece nos sermões. Achamos que deixamos tudo claro só porque já falamos sobre ele cerca de minutos. Mas cobrir o texto não garantirá que tenhamos comunicado com clareza o ponto do texto.

"O ponto de Paulo é que, como Cristo nos perdoou, nós também temos de perdoar uns aos outros."

"José fez simplesmente o que faria qualquer pessoa em circunstâncias semelhantes que estivesse confiante da presença de Deus."

"Quando agiu conforme sua fé, Pedro reconheceu quem Cristo era."

- Utilize recursos visuais sempre que puder. Coisas visíveis envolvem. Até mesmo as ruins. Se você estiver pregando sobre a Grande Comissão, leve um mapa ao púlpito. Se estiver pregando sobre Davi e Golias, leve um estilingue ou uma funda. Se estiver explicando o que Jesus pensava sobre a relação entre o coração e o dinheiro, leve em mãos algum dinheiro vivo. Mostre um grande coração.

  Certa vez, eu ensinava versículos a respeito do nosso papel como indivíduos dentro do corpo de Cristo. Levei diversas vasilhas de vidro, enchi-as de água colorida, e coloquei partes do corpo, de borracha, em diferentes vidros. Cobri cada um com um pano. (Por sinal, quando você tiver coisas na plataforma, cobertas com um lençol, já terá provocado curiosidade nas pessoas antes mesmo de começar a pregação.) Parecia algo extraído de um filme de terror. Quando tirei os panos, as pessoas acharam que mão, pés, braços, seriam verdadeiros. Expliquei que era assim que Deus via os membros de igreja que se recusam a agir como partes de uma unidade do corpo. As partes do corpo cortadas e separadas são realmente nojentas.

  Todos estavam engajados. Enauseados, mas engajados.

- Resista à tentação de despejar tudo que você aprendeu enquanto esteve se preparando. Eu sempre tenho uma meia página ou mais de coisas muito interessantes para serem descartadas, mas sabendo que não deverei tentar enfiar tudo no mesmo sermão. Se algo não facilita a jornada, corte. Se o que aprendeu não ajuda o auditório a resolver a tensão, guarde para outra ocasião. Afinal de contas, você ainda tem as porções VOCÊS e NÓS para cobrir. Você não deverá correr demais com a conclusão. Uma aterrissagem forçada deixa os passageiros abalados. A mesma coisa acontece quando você corre muito depressa na conclusão da mensagem.

Resumindo, *envolva os ouvintes com o texto*. Não apenas leia e prossiga. Não se perca em detalhes. Queremos que as pessoas amem a Palavra de Deus. Envolva-as na Palavra.

4. *Acrescente uma surpresa para a viagem*

O inesperado sempre provoca envolvimento. Se já tiver acontecido de alguém desmaiar durante um culto ou de um pássaro voar para dentro do salão, você saberá do que é que estou falando. Quando acontece alguma coisa incomum, todo mundo se interessa. Por que não aproveitar a oportunidade em favor da comunicação? Planeje algo inesperado para os ouvintes.

Não muito tempo atrás, Jeff Henderson, o pastor do *campus* universitário de Buckhead, demonstrou esse princípio de forma bastante criativa. A igreja de Buckhead é nosso *campus* de vídeo. Normalmente não há pregador ao vivo: os ouvintes assistem a um vídeo. Há ocasiões em que necessitamos de um comunicador ao vivo. O primeiro domingo do ano é uma dessas ocasiões.

Jeff ofereceu para dar a largada ao ano com uma mensagem cujo título seria: "A vida interrompida". Como o tema fosse "interrupções", ele resolveu fazer uma interrupção na plataforma. O culto começou da maneira que normalmente acontece. Depois do ofertório, a tela de projeção desceu, e eu apareci, começando a pregar. Depois de uns cinco minutos, Jeff e sua equipe forjaram uma queda de eletricidade. Tudo escureceu, incluindo a tela. Jeff subiu à plataforma, a energia restabelecida, e entregou uma mensagem poderosa sobre o que fazer, quando a vida é interrompida. Todo mundo estava engajado. Foi uma experiência incrível. Na verdade, a coisa foi tão benfeita que metade dos ouvintes, por algum tempo, continuou acreditando que de fato a eletricidade tivesse acabado e que, por acaso, Jeff tivesse uma mensagem preparada para um caso como aquele.

Concordo que tenha sido uma ação extrema. Contudo, há muitas coisas que poderão ser feitas, sem ser um simulacro de pane na eletricidade, para desafiar a mesmice do ambiente em que você prega. Recursos visuais são bem efetivos. Também, entrevistas, conversas com um membro do auditório, trazer alguém à frente, permitir que alguém desenhe ou pinte alguma coisa enquanto você prega. Uma vez, sentei-me ao piano e toquei uma canção de minha autoria que enfatizava o ponto-chave da mensagem. A música foi péssima. Mas todo mundo estava interessado.

Imagino que você tenha perdido dezenas de oportunidades de aplicar esse princípio simplesmente porque não pensou na possibilidade. Estava feliz com seu esboço. Quem tem energia de sobra para planejar o inesperado? Siga esta sugestão: deixe que alguém mais pense sobre o assunto. Tenha uma equipe formada no início de sua própria série; forneça a ideia principal da mensagem e delegue-lhe a tarefa de ajudar na animação. Minha previsão é de que seus auxiliares terão diversas ideias ruins, uma das quais com potencial para ser transformada num recurso excelente. Com o tempo, eles adquirirão um senso daquilo que combina com o pregador e com a mensagem, bem como daquilo que simplesmente não dá certo. Em suma, busque oportunidades para apresentar o inesperado. Boas surpresas produzem boas expectativas.

5. *Tome a rota direta*

Seja direto. Os ouvintes precisam saber para onde você vai logo no começo da viagem. Sem dúvida, você já experimentou a frustração de estar já a dez ou doze minutos de apresentação e perguntar a si mesmo: "Aonde estou indo?". Por um momento, pare e pense.

Se alguém tivesse ousadia para se levantar e gritar ao pregador: "Ei! Aonde é que você vai com tudo isso?", duas coisas poderiam acontecer (ou três, contada a possibilidade de o pregador ser alijado do templo). A primeira, é que o comunicador ficasse surpreso com a desorientação do ouvinte. Em sua mente, o rumo da mensagem estaria perfeitamente claro. A segunda, é que o pregador, talvez, pudesse responder, dizendo exatamente para onde está indo. A reação do ouvinte ainda seria de frustração: "Então, por que não nos disse isso desde o começo?".

Aonde vou com o assunto? É preferível errar sendo explícito demais no que se refere à pergunta a que você deseja responder, à tensão que você pretende resolver ou ao mistério que quer ajudar a solucionar. Chegue ao ponto com mais rapidez e precisão do que julga necessário. Seja mais específico do que pensa que deve ser. Repita com mais frequência do que imagina ser adequado. Os ouvintes querem saber do que se trata. Logo que você começar a pregar, eles desejarão saber para onde estão sendo conduzidos. Quanto mais você demorar a responder à indagação implícita, maior dificuldade haverá para manter a atenção.

Na faculdade, cursei jornalismo. Poderá ser um choque para o leitor, mas que espero que não! Dr. Davis era um excelente professor. Uma das coisas que ele mais gostava de fazer era chamar um aluno à frente para ler o parágrafo inicial de uma história que estivesse escrevendo e perguntar: "O que você está tentando dizer, aqui?". Na maioria das vezes, o aluno questionado respondia com um resumo coeso e direto do parágrafo introdutório. O dr. Davis devolvia o trabalho, dizendo: "Então, diga isso".

Tal como você, tenho ouvido muitas vezes mensagens que eu gostaria de interromper para perguntar ao pregador: "O que é que você está tentando dizer?". Certamente esses pregadores saberiam responder. Mas eu não saberia. Eles não me estavam ajudando. Dançavam em volta de ideias, sem, contudo, enunciá-las claramente. Isso é frustrante. Pior, eles não imaginavam a frustração que despertavam nos ouvintes. Como regra geral, será melhor declarar aos ouvintes o que você pretende abordar antes de começar a falar. De outra forma, eles não terão um contexto, uma moldura referencial para as informações a serem fornecidas.

Se você tiver um tópico ou uma narrativa que requeira uma abordagem indireta, faça um favor a seu público e diga-lhe que você tem ciência da aparente falta de direção. Peça-lhe que aguarde uma declaração precisa. Uma simples frase: "Tenham paciência, vamos chegar a um destino certo" permitirá que pessoas de mente linear se sintam mais confortáveis. É certo que conduzir a plateia à descoberta do assunto poderá configurar excelente técnica de comunicação. Mas existe também a arte de manter o envolvimento e a atenção, enquanto o comunicador guia o povo no caminho escuro. Se o pregador tiver conquistado a confiança, os ouvintes procurarão o ponto-chave em meio à aparente e propositada alheação. Contudo, como regra geral, será melhor que os pregadores sejam diretos.

ESCUTAR E APRENDER

Alguns comunicadores são naturalmente mais envolventes do que outros. Mas todos nós podemos melhorar. Você poderá se tornar mais envolvente. Da próxima vez que, ouvindo alguém, você sentir que não quer parar de escutar, pergunte-se por quê. Por que é tão fácil manter a atenção? O que ele faz ou não faz que lhe dá a impressão de que o tempo voa e torna a informação tão acessível? Também, da próxima vez que você se pegar contando os quadrados do teto ou folheando a Bíblia, esperando a conclusão da mensagem, faça a mesma pergunta: por quê? Estabeleça uma lista do que o pregador faz de errado. Pergunte-se sobre o que ele poderia ter feito para tornar a mensagem efetiva. Reorganize seu sermão da forma que você teria entregado a mesma mensagem. Mais tarde, procure o pregador e entregue as suas anotações. Ele apreciará. Provavelmente até o convidará para almoçar com ele.

Lembre-se de que escutar não é o mesmo que ler. Quando você lê, e perde o lugar ou o fio da história, sempre poderá voltar e ler novamente. Mas, quando se perder numa apresentação falada, é bem provável que você permaneça perdido até o final. Faça o que for necessário para manter a companhia de seus ouvintes. Sua palavra é importante. Você passou muitas horas preparando a mensagem. Não deixe as pessoas paradas na estação: ajude-as a embarcar antes de dar a partida. Não perca os passageiros nas transições: ande mais devagar. Por favor, não permita que desistam no meio do texto. Navegue com eles através das Escrituras. Arrisque-se. Experimente algo novo. Envolva os seus ouvintes.

PARE, OLHE, VIVA

- Envolva os seus ouvintes.
- Envolva os seus ouvintes.
- Envolva os seus ouvintes.

16

ENCONTRAR SUA VOZ

O que funciona para você?

Mencionei antes que talvez você esteja indagando se *esta não seria apenas outra forma de comunicação. Porventura Andy não estaria escrevendo sobre o seu próprio estilo de comunicação? Não precisaríamos desenvolver um estilo próprio, a nossa abordagem?* Ouço esse tipo de pergunta toda vez que falo a respeito de comunicação. Portanto, aqui, trataremos de estilo.

Muito já tem sido escrito sobre a importância de *autenticidade* do comunicador. Concordo plenamente. Autenticidade comunica volumes. Encobre uma multidão de pecados de comunicação. Se o comunicador for crível e sincero, poderemos suportar um bocado de coisas. Mas, se tiver o sentimento de que estou ouvindo uma personagem de teatro, eu desligo logo. Imagino que você reaja de maneira semelhante. Quero ouvir você, não sua melhor interpretação de um comunicador preferido.

Gosto muito do que Charles Swindoll diz a esse respeito:

Conheça quem você é.
Aceite quem você é.

Seja quem você é.[1]

Considero a deixa como excelente conselho para quem pensa que tem de imitar Rick Warren, ou a mulher que se enfeita tentando ser a Beth Moore seguinte. Entretanto, "seja quem você é" também poderá vir a ser uma *desculpa*. O meu estilo próprio poderá constituir uma cortina de fumaça para numerosos e maus hábitos de comunicação. Com o passar dos anos, ouvi muitos pregadores e professores jogando cartadas de estilo só para não ter de mudar e melhorar. Maçante não é estilo. Maçante é maçante. Confuso poderá até ser considerado um estilo, mas ainda permanecerá confuso. Cada um dos nossos hábitos de comunicação, bons e maus, faz parte de nosso estilo. Contudo, maus hábitos têm de ser eliminados, e não defendidos como se fizessem parte de nosso "estilo próprio". "Ser quem você é", conforme a citação de Swindoll, não será desculpa para desabilidades de comunicação. A exortação é para sermos quem Deus nos fez em vez de tentar ser outra pessoa que Deus fez. Não será o mesmo que dizer:

>Saiba que suas mensagens são complicadas demais.
>Aceite o fato de que são complicadas.
>Seja complicado!

Ou então:

>Saiba que você não é envolvente.
>Aceite que você não é envolvente.
>Seja não envolvente!

---

[1] Citado por Randy POPE, Preaching in the Prevailing Church, An Interview with Randy Pope, **Preaching**, 21, n. 4 (jan-fev/2006): 46.

ENCONTRAR SUA VOZ

Seja quem você é. Mas seja o melhor comunicador que puder. Para isso, terá de se dispor a sacrificar o conforto de coisas que se tornaram parte de seu estilo, por amor de recursos realmente efetivos. Com o passar do tempo, as mudanças feitas passarão a integrar seu estilo. Algumas ilustrações, talvez, ajudem.

PRINCÍPIO E ESTILO

Há muitos anos, um conhecido pregador estava de passagem em minha cidade, e eu o convidei para ficar em nossa casa. Viajar e pregar, além da vocação, é seu meio de subsistência. Sua agenda fica lotada com dezoito a vinte meses de antecedência. Houve um ano, ele disse, em que pregou mais de 400 vezes. Pregou em acampamentos estudantis, conferências bíblicas e até em campanhas de reavivamento. Vende muitos livros. É criativo, divertido e, naturalmente, envolvente.

Sentados à mesa da cozinha, surgiu o assunto de comunicação. Ele me perguntou sobre como e quando eu preparava minhas mensagens. Com quanta antecedência eu projetava uma série de mensagens ou uma pregação. Perguntas típicas de pregadores. Senti que ele estaria aberto para novas ideias e arrisquei:

— Acho que eu poderia ajudá-lo com alguma coisa.

Ele sorriu.

— Verdade? O quê?

— Noto um padrão em sua comunicação que, talvez, você não tenha observado. Quando chega à parte bíblica das mensagens, parece haver um declínio na dinâmica. É como se fossem dois comunicadores diferentes. Você é divertido, relevante e envolvente, do começo ao fim. Mas, na hora de mergulhar no texto bíblico, aparece um ralhador. E, sinceramente, não acho que você faça bem a conexão entre o assunto e o texto.

Mais uma vez, ele sorriu.

— Tenho notado a mesma coisa — disse.

Pedi que me mostrasse uma mensagem recente, que tivesse em mãos. Na verdade, ele planejava expor a mesma mensagem na noite seguinte, em outra cidade. Como grande parte dos pregadores, ao chegar ao texto, ele sentia que precisava cobrir três ou quatro pontos. No caso em questão, havia quatro pontos. Sugeri que os reduzisse a um único ponto. A essa altura, ele olhou para mim como a maioria das pessoas costuma olhar. Desconfiado. Olhar de *como vou preencher o tempo?* Assegurei-lhe de que tal não seria um problema.

Novamente ele riu.

— É certo. Jamais é o problema.

Passamos uns trinta minutos reorganizando o sermão em torno de *um* ponto em vez de quatro. Quando terminamos, o ar tenso tinha se transformado em empolgação.

— Como eu queria que alguém tivesse dito isso muito tempo atrás!

Dois dias depois, ele me telefonou, dizendo que o resultado havia sido muito bom e que, de fato, havia conversado a dinâmica ao chegar ao texto bíblico. Tinha sido muito mais fácil do que antes e não teve de usar anotações.

Meu ponto é o seguinte: ele não alterou seu estilo. Simplesmente incorporou um princípio: uma ideia é mais efetiva do que quatro. Não deixou de ser ele mesmo; apenas reajustou sua abordagem. Ele mesmo admitiu que tivesse necessidade de fazer tal ajuste. Concordou que o modo com que tratava o texto ia contra o próprio estilo. O ajuste não foi uma tentativa de copiar ou imitar outra pessoa. Na verdade, ele mesmo é um pregador que muitos comunicadores desejam imitar. Fez questão de se libertar de estilo de comunicação que, como muitos de nós, havia simplesmente herdado. O último resquício era um esboço de três ou quatro pontos, em que cada um recebia igual tratamento, equivalendo a três ou quatro sermões.

Tenho outro amigo, não tão famoso, que, em razão da sua área de especialidade, é muito procurado para falar sobre liderança de igreja. Creio que tenha ouvido cada uma de suas palestras sobre esse assunto específico. Observei, porém, dois maus hábitos. Raramente fazia declarações de transição. Por consequência, era quase impossível saber quando mudava de assunto ou passava para a parte seguinte da palestra. De repente, alguém se dava conta: "Ah! Ele está falando sobre outro assunto, agora". Ele deixava que os ouvintes fizessem as ligações. Tal como ocorre com a maioria dos maus hábitos de comunicação, ele não percebia o que estava fazendo. Isto é, até que solicitou uma crítica construtiva. Eu tinha tamanho respeito por esse senhor que estranhava criticá-lo por qualquer coisa. Mas venci o sentimento.

Passamos por um de seus esboços, e eu tracei linhas entre as diferentes seções, dizendo:

— Você está fazendo curvas fechadas demais. Tem de andar mais devagar e dizer claramente que se está movendo para a seção seguinte. De outro modo, perderá seus ouvintes nas curvas de transição.

Também nesse caso, isso nada tinha a ver com seu estilo. Eu simplesmente apontava um princípio de comunicação: faça as curvas mais devagar. Quando fazemos a transição entre partes diferentes de uma palestra ou sermão, devemos intercalar algumas frases transitórias para que as pessoas possam nos seguir.

Outro mau hábito desse pregador era que terminava o sermão de maneira abrupta. Como se estivesse parando o carro de supetão, lançando o passageiro contra o para-brisa. Sem nenhum aviso verbal ou não verbal, ele simplesmente dizia: "Oremos"! Aí é que percebíamos que ele tinha terminado. Não havia nenhuma indicação de que chegávamos ao destino, nem sinais de que ele estivesse acabando a mensagem.

— Devagar na parada — eu disse. — Escreva os pensamentos de encerramento, para que não precise se preocupar com *o que* vai dizer. Assim, poderá se concentrar no ritmo e na emoção do momento.

Outra coisa que sugeri foi que fizesse uma pausa após a declaração final, antes de finalizar com oração.

Ele foi bastante grato. Depois de voltar e escutar uns dois sermões, telefonou para mim, dizendo:

— Entendi o que você disse. Acho que me familiarizei tanto com o material que deixei de pensar nas transições. Na verdade, você estava certo quanto ao modo de eu encerrar a palestra; é muito abrupto.

Eram ajustes mínimos que em nada afetavam seu estilo de comunicação. Ele não precisava mudar o estilo. Apenas dar uma torção em algumas coisinhas.

Uma das conversas mais difíceis que já tive foi com um pregador que jamais conseguia ficar dentro do limite de tempo que lhe era dado. Isso aconteceu quando eu trabalhava para o meu pai. Da última vez que esse senhor pregou em nossa igreja, deixamos bastante claro o limite de tempo e a falta de espaço para erros, em razão da nossa condição de estacionamento. Ele disse que entendia, mas ultrapassou em vinte minutos o tempo em cada um dos cultos.

Ficamos tentados a simplesmente não o convidar mais. Seria o fim do assunto. Contudo, senti que ele deveria saber por que não pretendíamos convidá-lo outra vez. Chamei-o para almoçar. Na época, eu estava com 35 anos, e ele, por volta dos 50. Pastor estagiário, minha tarefa maior era ainda a de levar adolescentes ao parque de diversões nos fins de semana. Na metade do almoço, eu abri o assunto e mostrei a razão pela qual não o convidaríamos para voltar. Ele ficou chocado. Perguntei-lhe se alguém já teria mencionado que ele era conhecido por ignorar os limites do tempo, alvoroçando a programação. Jamais ouvira. Sua defesa foi:

— Quando estou pregando, sinto que o Espírito Santo está me guiando. Apenas vou, sob sua liderança.

Com humildade, compartilhei minha dificuldade para aceitar tal razão. Expliquei que eu creio que o Espírito Santo opera em cada faceta da vida, especialmente do culto de adoração, do domingo; desde a pré-escola até o ensino fundamental, os dois cultos, problemas de estacionamento e tudo mais. Além disso, o Espírito Santo age no planejamento daquilo que acontece nos cultos de fim de semana, e ele estaria agindo diretamente contra o Espírito Santo.

A isso, ele adotou uma atitude ainda mais defensiva. Eu teria feito o mesmo.

Continuando a conversa, mencionei que achava que, se fossem mais curtas, suas mensagens teriam maior efeito. Quando chegava à conclusão, todo mundo estava preocupado com a hora, os filhos ou o almoço. Dessa maneira, ele sempre perdia o melhor nicho para fixar seu ponto. Em duas ocasiões, tivemos de eliminar o hino final porque passara muito do horário previsto. Contei-lhe sobre isso, perguntando-lhe como achava que os músicos, que tinham gasto tantas horas de preparo, se sentiram.

Quando terminei de falar, ele estava pronto para escrever cartas com pedidos de desculpas. Disse-lhe que isso não seria necessário. O que eu não lhe disse é que todos estavam de tal modo frustrados que nem eu sabia se as cartas seriam bem recebidas. Da última vez que ouvi sobre ele, o relógio continuava sendo ignorado. É parte de seu estilo. E também muita falta de educação.

Não descarte princípios de comunicação em favor de estilo. Se quiser ser um comunicador efetivo, você terá de permitir que os princípios de comunicação *moldem* seu estilo. No fim do dia, os princípios sempre ganham sobre o estilo. Por exemplo, em

1984, quando eu estava no seminário, meu professor de hebraico foi convidado para pregar na capela. Era novo na escola. Jovem, meio arrogante, distante e, como é fácil de imaginar, não muito querido. Esteve lá uns dois anos, antes que lhe pedissem para deixar o cargo. Quando soube que seria ele o pregador da capela, quase não fui.

Em quatro anos de seminário, sua mensagem foi a única que consegui guardar. Entretanto, nada teve que ver com estilo ou apresentação, pois faltavam ambos. Foi seco, leu o sermão, não fitou os olhos das pessoas. Ficou atrás do púlpito o tempo todo. O cúmulo: pregando no Antigo Testamento, ele leu o texto em hebraico, o que todos nós interpretamos como uma exibição desnecessária. No entanto, apesar de tudo haver militado contra o pregador, lembro-me, até hoje, de sua mensagem. Por quê? Porque ele apresentou apenas *um* ponto, de maneira indubitavelmente clara. Não ilustrou. Não utilizou recurso visual. Ninguém veio, depois, para marcar sua pregação com um hino especial. Já de começo, ele declarou o assunto do sermão, espargindo-o durante a leitura do texto. Enfatizou-o, ainda, na conclusão. Seu ponto: "Deus disciplina os desobedientes". O texto: 1Reis 13, uma das histórias mais fortes da Bíblia. Uma das mensagens mais inesquecíveis que já tenho ouvido.

O que faltava de estilo, o professor compensou com a clareza. Veio para apresentar um ponto e conseguiu. Havia muitos pregadores na capela, alguns nem conhecidos. Não sei o que disseram dele, mas o cara menos popular da escola marcou um ponto inesquecível. Moral da história: *clareza vence estilo*. Clareza é melhor que quase tudo.

ENFRENTE ISSO

Não defenda hábito de má comunicação com a frase: "Bem, esse não é exatamente o meu estilo". Sejamos sinceros.

ENCONTRAR SUA VOZ

Para muitos comunicadores, "estilo" significa uma combinação de maus hábitos. Hábitos que nem sabem que possuem. São hábitos que os formaram como comunicadores e que, hoje, formam sua reputação. Não se esconda atrás de estilo próprio como desculpa para falta de clareza. Por favor, não use estilo como desculpa para não envolver os ouvintes.

Pense da seguinte maneira: o que aconteceria se eu me aproximasse de você dizendo: "O número de ouvintes e sua própria renda pessoal dobrarão dentro de um mês, se você fizer quatro coisas". Você faria a experiência? Ou olharia para a lista e diria: "Puxa, sei lá... Não estou confortável com essa ideia. Não é o meu estilo".

É óbvio que eu não poderei (nem o faria, se pudesse) garantir os resultados da aplicação das coisas que propomos neste livro. Não é esse o meu ponto. O fato é que deverá existir alguma coisa capaz de motivá-lo a parar de se esconder atrás da ladainha do "esse não é o meu estilo" e começar a trabalhar para ser um comunicador melhor. Será bom que tal motivação não seja o número de seus ouvintes, muito menos dinheiro, mas existirá algo de valor capaz de fazê-lo arriscar, experimentando coisas novas.

O que aconteceria se ouvisse de um filho de 16 anos que somente iria à igreja mais uma vez e depois estaria fazendo as malas para pôr o pé na estrada para sempre? O que aconteceria se, no meio da noite, aparecesse um anjo, dizendo: "Você poderá alcançar o coração de seu filho se fizer exatamente o que eu mandar. Vá ao sótão e encontre a velha caixa de LEGO.* No domingo, pregue a respeito deste único ponto: Cristo veio construir uma ponte para os que estão longe dele. Durante o tempo em que estiver pregando, construa uma ponte com os

---

* Brinquedo infantil constituído por peças que se encaixam, permitindo inúmeras combinações. [N. da T.]

blocos com que seu filho já brincou um dia". Sei que a ideia soará estranha para o leitor. Contudo, sei também que, tendo lido isso, vai encontrar uma caixa de Lego e construir uma ponte no domingo que vem.

Se tal realmente acontecesse com você, estou certo de que não responderia: "Mas eu não sou bom com recursos visuais". Nem protestaria: "Não posso fazer isso na minha igreja. Teria de remover o púlpito". Se você acreditasse de fato que sair totalmente de sua zona de conforto num culto de domingo alcançaria seu filho adolescente, é certo que o faria. Se não o fizesse, é provável que estivesse lendo outros livros que não este.

Não perca isto: domingo que vem, um filho ou uma filha de alguém poderá vir e sentar no fundo do salão de cultos para a última tentativa de crer em Deus. Poderá ser que alguém em sua cidade, mãe ou pai, esteja orando como louco para que algo significante aconteça no coração do filho. Certamente você estaria disposto a tentar uma coisa nova, diferente, para alcançar o coração de seu próprio filho. O que você estará disposto a fazer para alcançar o filho de outra pessoa?

Nos últimos quatro anos, nossa igreja tem experimentado grande afluência de adultos entre 50 e 60 anos. Sabe por que muitos deles vieram? Para tentar alcançar o coração de filhos adultos. Nosso "estilo" não é necessariamente o deles, mas estavam dispostos a fazer ajustes a fim de estar na igreja com os filhos; filhos que não acreditavam ver, jamais, envolvidos com igreja. Ajustaram seus estilos a fim de prestar culto junto com os filhos. Será que não deveríamos nos dispor, também, a ajustar o nosso estilo a fim de alcançá-los e a seus filhos? Há estilos de comunicação que chegam a ser maçantes, confusos, complicados, dispersos e secos. Esses não são estilos que valem a pena defender. São estilos que terão de ser abandonados.

ALVO E ESTILO

No capítulo 11, desafiei o leitor a identificar o alvo da comunicação e, então, escolher uma abordagem que o apoiasse. Aqui, passo a desafiá-lo a desenvolver um estilo que igualmente apoie o alvo. Se tiver como alvo a transformação de vidas, você deverá desenvolver um estilo que facilite esse alvo. Como você já deve ter notado, muitas igrejas mantêm, penduradas na parede logo à porta de entrada, declarações sobre missão da igreja, as quais não são sustentadas pelas coisas que ocorrem nos bastidores. Semelhantemente, tenho ouvido dezenas de pregadores e mestres cujo propósito declarado é o da comunicação para transformação de vidas, mas cujo estilo não apoia o propósito. Se você não estiver disposto a se adaptar em favor do alvo, uma coisa estará bem clara: seja qual for, seu alvo não é a transformação de vidas. Talvez seu objetivo seja o de continuar em sua zona de conforto, fazendo o que sempre fez.

Por um momento, pense em alguns dos comunicadores que prenderam a atenção da comunidade evangélica, nos Estados Unidos, nos últimos dez anos: Rob Bell, Tony Evans, Louie Giglio, Bill Hybels, Beth Moore, Rick Warren e Ed Young. Todos têm algumas coisas em comum. Cada um, no entanto, chega à plataforma com estilo próprio de comunicação. Todos são envolventes. Nem todos são divertidos. Cada qual conduz o ouvinte a determinado ponto de aplicação. Entretanto, não chegam todos ao ponto da mesma maneira. Todos têm compromisso com as Escrituras. Mas a abordagem às Escrituras é variada. Alguns são intensos, outros trocam tal vigor pela afabilidade. Ed, Louie e Rob frequentemente utilizam recursos visuais. Os demais usam apenas a voz. Bill sente-se bem usando um manuscrito. Rick gosta de preencher as lacunas. Louie sente-se bem por não saber exatamente sobre o que vai falar até chegar e avaliar o auditório.

Não existe um estilo que seja o único correto. Existem, sim, princípios corretos que cada um desses indivíduos aplica. Cada um tem uma abordagem um pouco diferente. Mas todos pregam a fim de ver vidas transformadas. Cada um adotou um estilo adequado à própria personalidade. Não obstante, todos eles estão conectados com uma diversidade de ouvintes.

DUAS DECISÕES

Na busca para desenvolver um estilo efetivo, será necessário que o comunicador faça a si mesmo, constantemente, duas perguntas:

1. O que é realmente efetivo?
2. O que é efetivo para mim?

A primeira pergunta fará você procurar novos princípios e métodos de comunicação. Levará a indagar por que é que certos pregadores são tão interessantes e outros não. Você estará aberto às novas ideias. Será motivado a continuar a aprender, sempre, no campo da comunicação. Espero que este livro tenha dado maior entendimento sobre aquilo que é realmente efetivo.

A segunda pergunta o motivará a avaliar e aperfeiçoar continuamente o próprio desempenho na entrega de mensagens. Levará o comunicador a escutar e (se realmente gosta de se punir) assistir aos seus próprios sermões. Diz Howard Hendricks: "A experiência não o tornará melhor. Somente a experiência avaliada o tornará melhor". No meu tempo de seminário, lecionei numa classe de escola bíblica dominical para sete universitários. Gravei cada uma das aulas e passei horas escutando as aulas gravadas enquanto dirigia o carro. Ainda hoje, escuto os CDs com meus sermões. Algumas vezes, ouço as gravações do mesmo sermão pregado nos três cultos dominicais. Hábito antigo. Lembro-me de, quando menino, ficar sentado junto a meu pai, vendo e ouvindo os vídeos que ele gravava.

Há não muito tempo, ouvi a pregação de um homem que fazia uma pausa entre cada cinco ou seis frases. Simplesmente parava de falar por um ou dois segundos, somando tempo ao longo de toda a mensagem. Eu sabia o que ele estava fazendo. Estava pensando. Mas isso distraía demais os ouvintes: comunicava insegurança. Concordo, todos somos inseguros; contudo, a última coisa que você deveria querer, quando se apresenta diante do público, é anunciar sua insegurança. Enquanto escutava, pensei duas coisas: aposto que ele nunca viu a si mesmo, pregando, num vídeo; e, é uma falha que ele poderia consertar se apenas se conscientizasse do problema.

Jamais discerniremos entre aquilo que é efetivo e o que impede a boa comunicação apenas escutando comentários aleatórios vindos da congregação. Sua esposa também não poderá ajudar muito. Se quiser melhorar, você terá de escutar a si mesmo e pedir críticas construtivas de outros. Nenhuma dessas coisas é divertida. Prefiro mais escutar o seu CD do que o meu.

Observe aquilo que é efetivo. O que é certo e dá certo. Observe o que funciona para você. Será a única maneira de se tornar uma dádiva para o mundo do ensino e da pregação, como Deus quer que você seja.

Encontre sua própria voz.

PARE, OLHE, VIVA

- Autenticidade não é desculpa para maus hábitos de comunicação.
- Seja você mesmo. Mas torne-se o melhor comunicador que puder ser.
- Pergunte-se continuamente: O que é efetivo? O que é certo e dá certo? O que funciona para mim?

17

COMEÇAR TUDO OUTRA VEZ

Qual é o passo seguinte?

Sábado à tarde. Acabei de clicar duas vezes no meu documento do Word intitulado *Pausa nº 1/quarenta e um dias*. Amanhã, lançaremos uma nova série se pregações, dividida em quatro partes. Trabalho nela há um mês. Na verdade, já completei as primeiras três mensagens. Estava me sentindo bem quanto ao andamento da tarefa até minutos atrás, quando reli o esboço da mensagem para amanhã. Não havia lançado os olhos no esboço fazia três semanas, quando terminei de escrevê-lo. Na verdade, apenas *pensei* que tivesse acabado, porque, no momento, ele me parece bastante rudimentar. Comprido demais. Ideias demais. Escolhi um ponto. Mas não é muito compelativo. Não existe um *único elemento* que mantenha as coisas coesas. Ao contrário, há coisas demais. Tenho trabalho para fazer. Mas, sinceramente, não sei por onde começar.

Felizmente tenho um plano para chegar de onde estou até onde preciso estar. Nem sempre é assim. Há alguns anos, descobri duas coisas que ajudam a obter a tração necessária para ir além da confusão e complexidade que tantas vezes atormentam o preparo de mensagens. Depois de ler três vezes o esboço, posso com certeza afirmar que preciso de tração. A mensagem não está indo a lugar nenhum.

Duas horas e vinte minutos depois, sinto-me bem melhor. Talvez não precise telefonar alegando enfermidade! Na verdade, estou empolgado com o sermão. Sempre acontece isso quando escolho um ponto e construo tudo mais ao seu redor. Contudo, às vezes, fico preso. O termo "preso" assusta muito as pessoas em nossa área ministerial. Sobretudo na véspera de domingo.

ROSTO NO CHÃO

De vez em quando, todos nós ficamos sem saída. Falando com sinceridade, muitas vezes tenho me achado preso. Quando digo preso, quero dizer que, aprofundado na preparação, percebo que continuo adicionando informações, mas realmente sem chegar a lugar nenhum. Sei que estou preso quanto tenho várias páginas de notas e nenhuma boa ideia. Estou empacado quando nada do que escrevi ou descobri mexe com meu coração. Sei que estou preso quando aquilo que eu achava ser uma ótima ideia, de repente, desliza em três ou quatro direções diferentes e não relacionadas.

Para os que pregam toda semana, ficar preso poderá ser uma coisa terrível. Tenhamos ou não algo significativo para dizer, o domingo vem aí. O povo aparecerá, esperando ouvir algo como nunca ouviu antes. Alguns até trarão amigos. Não poderemos nos dar ao luxo de permanecer presos por muito tempo.

O que fazer quando estiver atolado nessa estrada?

A primeira coisa a fazer é orar. Não estou falando de uma rápida oração: *Por favor, ajuda-me, Senhor! O domingo está chegando!* Quando estou assim atolado, deixo minha escrivaninha e vou para o refúgio. Literalmente. Se estiver no escritório da igreja, dirijo-me a um canto que designei como meu quarto de oração fora de casa. Fico de joelhos e digo a Deus que aquela não era ideia minha, mas dele. Ele foi que permitiu que eu chegasse aqui. Confesso que toda oportunidade que me vem, para abrir sua Palavra diante das pessoas, vem de Deus, tal como tudo que é útil e verdadeiro.

Nada disso jamais será informação nova para Deus, apesar de eu estar orando assim por muitos anos.

A seguir, pergunto a Deus se há algo que eu deva ver em preparo, a fim de dizer aquilo que ele quer comunicar à congregação. Entrego minhas ideias, esboço, assunto. Simplesmente fico ali, no lugar de oração, até que Deus aquiete o meu coração. Isso poderá durar uns poucos minutos. Poderá demorar muito tempo. Há horas em que nada muda, exceto uma diminuição no nível de ansiedade. De vez em quando, aparecerá alguma coisa que terei de tratar na minha vida pessoal. É sempre uma distração. Parece o tempo errado. Mas, certamente, quando surgirem pressões, Deus terá minha irrestrita atenção. Muitas vezes, enquanto estou orando, tenho um clarão de pensamento que ilumina a minha mensagem.

Não sei por que Deus escolhe agir desse modo em minha vida. Contudo, conheço o resultado. Sou constantemente lembrado de que não terá sido minha educação, nem minha compreensão, nem meus hábitos de estudo que transformarão vidas. A estrutura *EU-NÓS-DEUS-VOCÊS-NÓS* poderá ser útil, mas, por si só, também não transformará ninguém. No fim do dia, só Deus dá poder para as pessoas mudarem. O Espírito Santo é quem abre os olhos do coração. É nosso Salvador que dá, a homens e mulheres, a coragem para amar e perdoar. Tal como você, eu sou apenas uma boca, um porta-voz. Quando fico preso, atolado, essa é uma forma de Deus manter-me cônscio do caminho.

Se eu não parar para orar, a pressão de *terminar a mensagem* será maior do que a paixão para entregar a novidade de vida com clareza aos meus ouvintes. Quando ignoro o chamado para orar, acabo atulhando a estrada com informações em vez de abrir caminho para uma jornada fácil de ser seguida. Poderá ser que você pense: *Puxa, mas você não costuma orar* antes *de estudar? A oração seria recurso posterior?* Não. Oro antes, durante e depois! Apenas estou dizendo o que fazer quando ficar atolado.

A LISTA

Nas ocasiões em que saio do meu quarto com paz, mas sem ideias novas, o que deveria fazer? Passar à segunda fase da estratégia para me livrar do atolamento? Telefono para algum dos outros membros de nossa equipe de pregadores e peço que ele pregue?

Não mesmo.

Se faltar clareza à minha mensagem, volto ao mais básico. Volto à confiável lista de perguntas e começo tudo outra vez. Começar de novo não significa que terei de jogar fora tudo que fiz até então. Contudo, em vez de tentar pôr em ordem o mar de palavras na tela do computador, enfoco a atenção na resposta a cinco perguntas. Tais perguntas permitem que eu vasculhe as muitas ideias e me concentre na única sobre a qual deverei organizar a mensagem. Quando tiver respostas sucintas às cinco perguntas, será mais fácil organizar o material.

1. *O que eles precisam saber?*

Conversamos sobre isso no capítulo 12. Por mais que haja o compromisso de organizar as mensagens em torno de uma ideia central, ainda assim será fácil divagar durante o tempo de preparo. Terei de parar, afastar-me da escrivaninha e pensar: *à luz daquilo que descobri no texto e aprendi no percurso, qual a coisa singular que eles necessitam saber?* É nesse ponto que, às vezes, eu me levanto e dou uma corrida pelo estacionamento da igreja.

Ter de nos forçar a responder à pergunta provavelmente significará que muito do que está na tela do computador não deveria fazer parte da mensagem. Isso também poderá ser assustador. Até desanimador. Poderá ser que você sinta haver desperdiçado o tempo. Mas não terá um desperdício. Haverá sempre a próxima vez. Além disso, encontrar aquela coisa singular geralmente requererá cavar entre dezenas de outras coisas. E isso é apenas parte do processo. A questão verdadeira é ter a disciplina necessária para perseverar na manutenção do ponto-chave e não tentar forçar *tudo* para dentro da mensagem.

Há também o medo: *como preencher o tempo?* Não tema. Só tratamos da primeira pergunta. Se você for como a maioria dos comunicadores, o preenchimento do tempo provavelmente não será uma preocupação relevante. Se nos preocupássemos menos com o preeenchimento do tempo e focalizássemos mais na construção da mensagem em torno de uma única ideia clara e motivadora, lucraríamos nos dois aspectos. Teríamos o nosso tempo bem usado e, melhor ainda, manteríamos o interesse dos ouvintes durante todo o tempo.

Seja sincero. Qual é a única coisa que tem de ser comunicada?

2. Por que eles precisam saber isso?

Poucos comunicadores tomam tempo para responder a essa pergunta com respeito a seus ouvintes. É uma pena, porque, quando respondemos a tal questão, damos aos ouvintes uma razão para continuarem ouvindo. Se deixarmos de responder, estaremos presumindo um nível de interesse que talvez não exista.

Em muitos círculos cristãos, existe a ideia de que, se a Bíblia afirma uma coisa, isso basta. Não precisamos do *porquê*, apenas de *o quê*. Isso funciona para certos cristãos, mas não para outros, muito menos para as pessoas que não creem na autoridade da Bíblia.

Quero reapresentar a questão:

- O que acontecerá com a pessoa que nunca descobre a verdade ou o princípio de que você está prestes a tratar?
- O que está em jogo para essas pessoas?

Quando descubro o *porquê* por trás de *o que*, começo a me sentir apaixonado pelo tema. Quando tenho uma resposta à pergunta, percebo a verdadeira importância da mensagem. Daí é que vem o fardo, o peso. Há, afinal, muita coisa em jogo.

Pense na última palestra que você fez. Por que a mensagem era importante? Por que alguém deveria levar a sério o que você disse? Por que os ouvintes precisavam saber aquilo que lhes foi dito? Em algum ponto da mensagem, você teria afirmado a razão pela qual era tão importante dizer e ouvir?

Em quase todas as minhas mensagens, em algum ponto, eu digo: "É por isso que é importante...". Muitas vezes, detalho a afirmativa: "Se você for jovem, deverá prestar atenção hoje. Caso seja casado, esse princípio terá enormes implicações para seu casamento. Se estiver vivendo um relacionamento tumultuado, fico feliz que esteja aqui para me ouvir. Essa verdade poderá fazer toda a diferença em sua vida".

Em geral, explico *por que* no final da introdução. Agora que sabem para *onde* vamos, precisam saber *por que* desejo levá-los até lá. O fato de estar escrito na Bíblia bastará para algumas pessoas, mas não será suficiente para a grande maioria. A resposta ao *por que* fornecerá aos ouvintes um incentivo para segui-lo na próxima etapa da mensagem. Se não estiverem convictos de que precisam saber aquilo que você está prestes a dizer, os ouvintes considerarão sua informação totalmente irrelevante.

Uma vez que tenham descoberto *por que* precisam saber o que estou prestes a falar, passo à terceira pergunta.

3. *O que eles precisam fazer?*

A questão não surpreende, e é certo que não começou comigo. Mas fico chocado com o pequeno número de comunicadores que realmente assumem essa pergunta no coração. Toda mensagem entregue deveria ter, pelo menos, um ponto de aplicação. Descubra qual é e declare como deverão proceder.

O que você quer que eles façam em resposta ao que acaba de dizer?

Tenho duas recomendações nesse quesito: seja específico e seja criativo. Dê aos ouvintes algo bastante específico para fazer. Tão específico que saibam imediatamente se já o fizeram ou não. Se for uma questão de estilo de vida, faça uma sugestão quanto ao tempo em que deverão fazê-lo.

Por exemplo, se o foco da mensagem é a importância de oração pessoal, não bastará terminar dizendo: "Então, orem!". Será exatamente o que você quer que façam, mas não será suficientemente específico. Ao mesmo tempo, não sugiro que você fique diante deles pedindo que se comprometam a orar todo dia, pelo resto da vida. Aí, seria específico, mas pouco realista.

Quando desafio o público a fazer algo específico, em geral peço que as pessoas se comprometam por determinado período de tempo. Na metade da nossa série sobre a *Oração do Senhor*, pedi à congregação que começasse com oração cada dia da semana seguinte. Apenas sete dias. Qualquer um poderia fazer isso. A esperança é que esses sete dias marquem o início de um hábito.

Além de específico, você terá de ser criativo. Por exemplo, quando desafiei as pessoas da congregação a cuidarem da vida financeira, dei-lhes uma folha de orçamento e pedi que anotassem as despesas durante um mês. Entregar-lhes uma folha para contabilidade foi uma opção criativa. Dar-lhes um período de tempo para fazê-lo foi especificidade. Descrobririam logo se teriam ou não feito o que lhes pedi. Às vezes, uma única aplicação poderá durar por toda uma série de pregações. Assim, você terá diversas semanas para enfatizar o valor do projeto sugerido.

Uma vez limitada a aplicação a uma coisa específica, será hora de responder à quarta pergunta.

4. *Por que eles precisam fazer isso?*

Na primeira vez em que respondemos ao *por que*, provocamos os ouvintes a continuar ouvindo. Agora, é necessário inspirá-los à ação. Por que deveriam fazer aquilo que você sugere?

"Está na cara", você pode adiantar. E estará certo: deveria ser óbvio. Mas passe alguns minutos pensando exatamente no que estará em jogo se eles não cumprirem. Faça uma lista. Anote essa lista no esboço. Leia-a, alto e claro. Depois de explicar *o que*, diga-lhes *por que*. A essa altura, a resposta servirá de ligação perfeita para a seção *NÓS*:

> "Imagine o que aconteceria se todos fôssemos trabalhar, amanhã, com o renovado compromisso de servir àqueles que geralmente nos servem."

> "Imagine o que aconteceria em nossa família se cada um fizesse uma lista das dívidas relacionais de que somos credores, e, depois, as cancelássemos totalmente."

> "Imagine quanta alegria poderíamos produzir, como congregação, se cada um sentasse, nesta semana, para escrever uma carta de agradecimento à pessoa que o apresentou a Cristo."

Finalmente, tendo respondido às primeiras quatro perguntas, não estarei apenas *desatolado*, mas também *empolgado*. As primeiras duas perguntas levaram-me ao texto. As duas últimas levaram-me à reta final. Mas existe ainda mais uma pergunta que sempre faço. Não faz parte da minha estratégia de me desvencilhar do atoleiro, mas faz parte da minha preparação.

5. O que posso fazer para ajudá-los a lembrar?

O que farei para que se lembrem do meu ponto-chave ou da minha aplicação? A folha de contabilidade, antes referida, foi uma resposta a tal pergunta. Quase sempre, distribuímos cartões com versículos para memorizar, acompanhando as séries de estudo. Quando terminei a série sobre Jonas, dei a cada pessoa uma flor, pedindo que a associassem com qualquer coisa, em sua vida, que fosse mais importante para elas do que a alma das pessoas. Pedi que a colocassem num lugar bem visível e observassem enquanto ela ia perdendo o viço. Era uma maneira de ajudá-las a se lembrar da trepadeira de Jonas.

Já distribuímos ímãs de geladeira, bolinhos, pedaços de tela de pintura, pincéis, compassos, adesivos, CDs, livros, vidros de miçangas, garrafas de água e até dinheiro. Não fazemos isso toda semana. Nem sempre tenho uma boa resposta a essa pergunta. Mas estou sempre perguntando. De vez em quando, surge algo que causa um tremendo impacto.

Repetindo, temos aqui:

1. *O que eles precisam saber?* INFORMAÇÃO
2. *Por que eles precisam saber isso?* MOTIVAÇÃO
3. *O que eles precisam fazer?* APLICAÇÃO
4. *Por que eles precisam fazer isso?* INSPIRAÇÃO
5. *O que posso fazer para ajudá-los a lembrar?* REITERAÇÃO

Sugiro o seguinte: copie essas perguntas e mantenha-as no seu local de estudo. Quando estiver parado em algum ponto, sem saída aparente, comece com a primeira. Quando tiver terminado, verifique se teria respondido às primeiras quatro perguntas. Se a resposta for positiva, junte uma equipe e trabalhe com ela em relação à última pergunta.

Todos nós ficamos presos, atolados, estacados, em alguma situação. Às vezes, nada terá que ver com nossa capacidade de organizar o conteúdo. Por isso é que precisaremos parar e orar. Às vezes, simplesmente, perdemo-nos no meio das informações. É ali que necessitaremos de algumas perguntas que nos estimulem e nos façam continuar até descobrir aquela "uma coisa", entregue a nosso cuidado, que o povo de Deus precisa saber.

PARE, OLHE, VIVA

- Não permita que a pressão de terminar o sermão sobrepuje a paixão por trazer algo novo aos seus ouvintes.
- Quando estiver atolado, ore!
- Quando estiver estacado, volte às bases. O que eles precisam saber? Por que eles precisam saber? O que eles precisam fazer? Por que eles precisam fazer? O que posso fazer para ajudá-los a lembrar?

CONCLUSÃO

Escrever um livro sobre comunicação é quase como escrever um livro sobre tocar piano. Tem suas limitações. Esperamos que tenha encontrado aqui alguma coisa que você possa começar a aplicar de imediato. Talvez, em futuro próximo, você tente desenvolver e comunicar um sermão de um só ponto. Nesta abordagem, os pontos múltiplos cederão lugar a sinais de quilometragem que marquem o progresso da jornada rumo ao destino final. A introdução criará a tensão que queremos ver resolvida, ou despertará a pergunta a que desejamos responder. A aplicação será a força que impelirá a mensagem, e não apenas uma seção acrescentada no final do sermão. Na minha experiência, essa é uma forma muito mais fácil e efetiva de tratar da comunicação das Escrituras.

A igreja, a vizinhança e o mundo necessitam de sua voz e de seu esclarecimento. Por essa razão, jamais pare de crescer, de melhorar sua comunicação. Descubra o que é mais efetivo. Descubra o que é certo e dá certo para você. E, a cada vez que tiver oportunidade de pregar a Palavra de Deus, pregue para a transformação de vidas!

PERGUNTAS E RESPOSTAS COM ANDY

Quando é que você estuda?
　Às quartas-feiras, o dia inteiro, e metade da quinta-feira. Faço revisão e internalizo a mensagem aos sábados à noite.

Onde você estuda?
　Em meu escritório, na igreja, durante a semana, e em minha casa, aos sábados.

Como você consegue se adiantar tanto e estar preparado antes da hora?
　Prego em cerca de trinta e seis fins de semana por ano. Na maioria das semanas em que não estou pregando, ainda assim, preparo uma mensagem. Sugiro que você traga um pregador de fora, em dois fins de semana no ano, e use esse tempo para se adiantar. É uma sensação agradável. Sua equipe de suporte vai apreciar.

O que você leva à plataforma?
　Minha Bíblia, com os trechos impressos do sermão dentro dela. Geralmente terei um ou mais cartões de anotações com coisas que quero estar seguro de dizer corretamente.

Qual é a duração de seus sermões?
　Quarenta minutos.

Qual é a duração de uma série típica de sermões?
De quatro a seis semanas.

Você se envolve com o planejamento criativo do culto?
Sim, e muito. Assisto a duas reuniões semanais de planejamento e avaliação dos cultos dominicais. Além disso, temos reuniões trimestrais, que chamamos de "reuniões de conteúdo". É quando reúno diferentes pessoas da equipe para fazer tempestades de ideias a respeito dos temas. Então, nossa diretora de programa de culto dirige uma reunião da equipe criativa para elaborar o tema de uma série de mensagens.

Com quanto tempo de antecipação você faz o planejamento?
Fazemos o planejamento conceitual para o ano todo. Planejamos uma série específica com três meses de antecedência. Nem todas as séries recebem a mesma ênfase. Fazemos três séries grandes por ano. Entre essas, fazemos séries menores, em escala mais simples.

Você repete alguma mensagem?
Muitas vezes, providencio uma nova embalagem para uma mensagem que fez parte de uma série e que quero utilizar em outra série. Jamais repito uma série inteira da maneira que foi apresentada originariamente.

EU-NÓS-DEUS-VOCÊS-NÓS

1. O que eles precisam saber? INFORMAÇÃO

2. Por que eles precisam saber isso? MOTIVAÇÃO

3. O que eles precisam fazer? APLICAÇÃO

4. Por que eles precisam fazer isso? INSPIRAÇÃO

5. O que posso fazer para ajudá-los a lembrar? REITERAÇÃO